Louis Fréchette, Frederick Simpson Coburn, William Henry Drummond

The Habitant

And Other French-Canadian Poems

Louis Fréchette, Frederick Simpson Coburn, William Henry Drummond

The Habitant
And Other French-Canadian Poems

ISBN/EAN: 9783744772044

Printed in Europe, USA, Canada, Australia, Japan

Cover: Foto ©Thomas Meinert / pixelio.de

More available books at **www.hansebooks.com**

THE HABITANT

::::::: AND OTHER FRENCH-CANADIAN POEMS

By William Henry Drummond, M.D.

WITH AN INTRODUCTION BY
Louis Frechette

AND WITH ILLUSTRATIONS BY
Frederick Simpson Coburn

New York and London
G. P. Putnam's Sons
1897

TO MY DEAR FRIEND AND FORMER TEACHER
GEORGE MURRAY, Esq., B.A., A.K.C., F.R.S.C.
THESE VERSES ARE DEDICATED WITH SINCERE
ADMIRATION AND RESPECT

INTRODUCTION

ON me demande, pour ce charmant volume, un mot de préface en français; le voici:
Quand, en 1863, je publiai mon premier recueil de poésies — écrites au collège, pour la plupart, — le grand poète américain Longfellow eut la flatteuse bienveillance de m'appeler *The pathfinder of a new land of song*.

Avec mille fois plus de raison puis-je aujourd'hui passer le compliment à mon sympathique confrère et ami, l'auteur de ce livre; car, si jamais quelqu'un, chez nous, a mérité le titre de *pathfinder of a new land of song*, c'est assurément lui.

Non seulement il a découvert le champ, la clairière, la vallée fertile et encore inexplorée; il en a fait l'exploitation à sa manière, avec des outils et des moyens de son invention; et, fier de sa conquête, il laisse, de son épaule robuste, tomber **à** nos pieds le fruit de **son travail, la** gerbe plantureuse **aux** ors vierges, à **l'arome** sauvage, **aux** savoureuses promesses, toute fraîche et toute crissante dans sa rusticité saine.

N'est-elle pas, en effet, d'une originalité peu commune, l'idée de prendre un pauvre illettré, de le présenter comme un type national **à part,** de lui mettre aux **lèvres** une langue qui n'est pas **la** sienne et qu'il ne connaît qu'à **demi**; d'en faire en même temps **un** personnage **bon,** doux, aimable, **honnête,** intelligent et **droit,** l'esprit en **éveil,** le cœur plein d'une poésie native stimulant **son patriotisme,** jetant un rayon lumineux dans son modeste intérieur, berçant ses heures rêveuses de souvenirs **lointains** et mélancoliques ?

Et cela sans que jamais, **dans** ce portrait d'un nouveau genre, le plus subtil des critiques puisse surprendre nulle part **le coup de crayon de** la caricature !

Dans ses inimitables contes villageois, George Sand a peint les paysans du Berry sous des dehors très intéressants. Elle nous les montre même d'un sentiment très affiné dans leur simplicité naïve et leur cordiale bonhomie. En somme, elle en fait des natures, des tempéraments, quelque chose de typique, en même temps qu' harmonieux de teinte et de forme.

Mais George Sand faisait parler ses personnages dans la langue du pays, dans la langue de la chaumière, dans leur propre dialecte, enfin. Elle n'avait, pour ainsi dire, qu' à faire pénétrer le souffle de son talent sous le réseau de la phrase, pour animer celle-ci d'un reflet de lyrisme ou d'une vibration attendrie.

La tâche abordée par M. Drummond présentait un caractère beaucoup plus difficile.

Ici, le poète avait bien, il est vrai, le milieu à saisir, placé, droit en face de son objectif. Il était assez familier avec ses acteurs pour les grouper avantageusement, en ménageant les effets d'ombres et de lumière. Il est naturellement assez artiste pour ne rien négliger de ce qui ajoute du pittoresque à la pose; surtout, il connaissait à fond le type à reproduire, ses mœurs, ses passions, ses sentiments, ses penchants, ses superstitions et ses faiblesses.

Mais comment, sans tomber dans la charge

ou la bouffonnerie, faire parler systématiquement à ses personnages une langue étrangère, forcément incorrecte dans la bouche de quelqu'un qui l'a apprise par oreille, sans savoir lire même dans sa propre langue ?

La tentative était hardie ; mais on sait que le succès a un faible pour les audacieux.

Dans son étude des Canadiens-français, M. Drummond a trouvé le moyen d'éviter un écueil qui aurait semblé inévitable pour tout autre que pour lui. Il est resté vrai, sans tomber dans la vulgarité, et piquant sans verser dans le grotesque.

Qu'il mette en scène le gros fermier fier de son bien ou de ses filles à marier, le vieux médecin de campagne ne comptant plus ses états de service, le jeune amoureux qui rêve au clair de la lune, le vieillard qui repasse en sa mémoire la longue suite des jours révolus, le conteur de légendes, l'aventurier des " pays d'en haut," et même le Canadien exilé — le *Canadien erraut*, comme dit la chanson populaire — qui croit toujours entendre résonner à son oreille le vague tintement des cloches de son village ; que le récit soit plaisant ou pathétique, jamais la note ne sonne faux, jamais la bizarrerie ne dégénère en puérilité burlesque.

C'est là un tour de force comme il ne s'en fait pas souvent, et c'est avec enthousiasme que je tends la main à M. Drummond pour le féliciter de l'avoir accompli.

Il a véritablement fait là œuvre de poète et d'artiste.

J'ajouterai qu'il a fait aussi œuvre de bon citoyen. Car le jour sous lequel il présente mes compatriotes illettrés ne peut manquer de valoir à ceux-ci — et partant à tout le reste de la nationalité — un accroissement désirable dans l'estime de nos compatriotes de langue anglaise, qui n'ont pas été à même de les étudier d'aussi près que M. Drummond.

La peinture qu'en fait le poète est on ne peut plus sympathique et juste; et de semblables procédés ne peuvent que cimenter l'union de cœur et d'esprit qui doit exister entre toutes les fractions qui composent la grande famille canadienne appelée à vivre et à prospérer sous la même loi et le même drapeau.

En lisant les vers de M. Drummond, le Canadien-français sent que c'est là l'expression d'une **âme** amie; **et, à** ce **compte, je dois à l'auteur plus que mes bravos, je lui dois en même temps un chaleureux merci.**

Louis Fréchette.

Montréal, 13 octobre 1897.

PREFACE

IN presenting to the public " The Habitant and other French-Canadian Poems," I feel that my friends who are already, more or less, familiar with the work, understand that I have not written the verses as examples of a dialect, or with any thought of ridicule.

Having lived, practically, all my life, side by side with the French-Canadian people, I have grown to admire and love them, and I have felt that while many of the English-speaking public know perhaps as well as myself the French-Canadian of the cities, yet they have had little opportunity of becoming acquainted with the habitant, therefore I have endeavored to paint a few types, and in doing this, it has seemed to me that I could best attain the object in view by having my friends tell their own tales in their own way, as they would relate them to English-speaking auditors not conversant with the French tongue.

My good friend, Dr. Louis Frechette, Poet

Laureate, has as a French-Canadian, kindly written an "Introductory" in his own graceful language, and I have to thank him above all for his recognition of the spirit which has actuated me in writing "dialect" verse.

To Mr. F. S. Coburn, the artist, also, I am deeply indebted for the faithful manner in which he has interpreted the different characters and scenes contained in this volume. All the pictures have been sketched from nature or life, and the keenest critic will agree with me, that Mr. Coburn's illustrations are most typical, both of the people and the soil.

WILLIAM HENRY DRUMMOND.

CONTENTS.

	PAGE
DE HABITANT	1
THE WRECK OF THE "JULIE PLANTE"	8
LE VIEUX TEMPS	11
DE PAPINEAU GUN	21
HOW BATEESE CAME HOME	24
DE NICE LEETLE CANADIENNE	34
'POLEON DORÉ	37
DE NOTAIRE PUBLIQUE	44
MAXIME LABELLE	48
MEMORIES	56
PHIL-O-RUM JUNEAU	60
DE BELL OF ST. MICHEL	71
PELANG	74
MON CHOUAL "CASTOR"	80
OLE TAM ON BORD-A PLOUFFE	85
THE GRAND SEIGNEUR	91

Contents

	PAGE
M'SIEU SMIT'	94
WHEN ALBANI SANG	104
DE CAMP ON DE "CHEVAL GRIS"	112
DE STOVE PIPE HOLE	118
DE SNOWBIRD	125
THE HABITANT'S JUBILEE ODE	128
OLE DOCTEUR FISET	134

ILLUSTRATIONS.

	PAGE
"The Habitant" . . . *Frontispiece*	
"Away She go Hooraw! Hooraw!" .	16
"But I Lak' Sit some Cole Night wit' Ma Girl on Ole Burleau" . .	18
"'Poleon! Hees Sojer never Fight more Brave as dem Poor Habitants" .	20
"He Fall near w'ere de Cross is Stan'"	22
"He's Tole Me all de w'ole Biz-nesse"	24
"So We Bury Dem as We Fin' Dem" .	42
"An Drive on de House of de Boulanger"	44
"Again o'er Dark Wayagamack" . .	56
"He Sit on de Corner mos' ev'ry Night"	60
"She's Comin', wan Beeg Canoe" . .	64
"Was Say on de Inside 'Je T'aime Toujours'"	74
"I T'ink of You Night an' Day" . .	78

THE HABITANT

D E place I get born, me, is up on de reever
　　Near foot of de rapide dat 's call Cheval
　　　　Blanc
Beeg mountain behin' it, so high you can't
　　climb it
　　An' whole place she 's mebbe two honder
　　　　arpent.

De fader of me, he was habitant farmer,
　　Ma gran' fader too, an' hees fader also,

The Habitant

Dey don't mak' no monee, but dat is n't fonny
  For it 's not easy get ev'ryt'ing, you mus'
    know—

All de sam' dere is somet'ing dey got ev'ry-
    boddy,
  Dat's plaintee good healt', wat de monee
    can't geev,
So I 'm workin' away dere, an' happy for stay
    dere
  On farm by de reever, so long I was leev.

O! dat was de place w'en de spring tam she 's
    comin',
  W'en snow go away, an' de sky is all blue—
W'en ice lef' de water, an' sun is get hotter
  An' back on de medder is sing de gou-glou—

W'en small sheep is firs' comin' out on de
    pasture,
  Deir nice leetle tail stickin' up on deir back,
Dey ronne wit' deir moder, an' play wit' each
    oder
  An' jomp all de tam jus' de sam' dey was
    crack—

An' ole cow also, she 's glad winter is over,
  So she kick herse'f up, an' start off on de
    race

Wit' de two-year-ole heifer, dat's purty soon
    lef' her,
W'y ev'ryt'ing's crazee all over de place!

An' down on de reever de wil' duck is quackin'
    Along by de shore leetle san' piper ronne—
De bullfrog he 's gr-rompin' an' doré is jompin'
    Dey all got deir own way for mak' it de
    fonne.

But spring 's in beeg hurry, an' don't stay long
    wit' us
    An' firs' t'ing we know, she go off till nex'
    year,
Den bee commence hummin', for summer is
    comin'
    An' purty soon corn 's gettin' ripe on de ear.

Dat's very nice tam for wake up on de morning
    An' lissen de rossignol sing ev'ry place,
Feel sout' win' a-blowin' see clover a-growin'
    An' all de worl' laughin' itself on de face.

Mos' ev'ry day raf' it is pass on de rapide
    De voyageurs singin' some ole chanson
'Bout girl down de reever—too bad dey mus'
    leave her,
But comin' back soon' wit' beaucoup d'argent.

The Habitant

An' den w'en de fall an' de winter come roun' us
  An' bird of de summer is all fly away,
W'en mebbe she 's snowin' an' nort' win' is blowin'
An' night is mos' t'ree tam so long as de day.

You t'ink it was bodder de habitant farmer?
  Not at all—he is happy an' feel satisfy,
An' cole may las' good w'ile, so long as de wood-pile
  Is ready for burn on de stove by an' bye.

W'en I got plaintee hay put away on de stable
  So de sheep an' de cow, dey got no chance to freeze,
An' de hen all togedder—I don't min' de wedder—
De nort' win' may blow jus' so moche as she please.

An' some cole winter night how I wish you can see us,
  W'en I smoke on de pipe, an' de ole woman sew
By de stove of T'ree Reever—ma wife's fader geev her
  On day we get marry, dat 's long tam ago—

De boy an' de girl, dey was readin' it's lesson,
　De cat on de corner she 's bite heem de pup,
Ole " Carleau " he 's snorin' an' beeg stove is
　　roarin'
　　So loud dat I 'm scare purty soon she bus'
　　　up.

Philomene—dat 's de oldes'—is sit on de
　　winder
An' kip jus' so quiet lak wan leetle mouse,
She say de more finer moon never was shiner—
　　Very fonny, for moon is n't dat side de
　　house.

But purty soon den, we hear foot on de outside,
　An' some wan is place it hees han' on de
　　latch,
Dat 's Isidore Goulay, las' fall on de Brulé
　He 's tak' it firs' prize on de grand plough-
　　in' match.

Ha! ha! Philomene!—dat was smart trick you
　　play us
　Come help de young feller tak' snow from
　　hees neck,
Dere 's not'ing for hinder you come off de
　　winder
　W'en moon you was look for is come, I ex-
　　pec'—

Isidore, he is tole us de news on de parish
  'Bout hees Lajeunesse Colt—travel two forty, sure,
'Bout Jeremie Choquette, come back from Woonsocket
  An' t'ree new leetle twin on Madame Vaillancour'.

But nine o'clock strike, an' de chil'ren is sleepy,
  Mese'f an' ole woman can't stay up no more
So alone by de fire—'cos dey say dey ain't tire—
  We lef' Philomene an' de young Isidore.

I s'pose dey be talkin' beeg lot on de kitchen
  'Bout all de nice moon dey was see on de sky,
For Philomene 's takin' long tam get awaken
  Nex' day, she 's so sleepy on bote of de eye.

Dat 's wan of dem ting's, ev'ry tam on de fashion,
  An' 'bout nices' t'ing dat was never be seen.
Got not'ing for say me—I spark it sam' way me
  W'en I go see de moder ma girl Philomene.

The Habitant

We leev very quiet 'way back on de contree
   Don't put on sam style lak de big village,
W'en we don't get de monee you t'ink dat is fonny
   An' mak' plaintee sport on de Bottes Sauvages.

But I tole you—dat 's true—I don't go on de city
   If you geev de fine house an' beaucoup d'argent—
I rader be stay me, an' spen' de las' day me
   On farm by de rapide dat 's call Cheval Blanc.

The Wreck of "Julie Plante"
A Legend of Lac-St Pierre.

ON wan dark night on Lac St. Pierre,
   De win' she blow, blow, blow,
An' de crew of de wood scow " Julie Plante "
   Got scar't an' run below—
For de win' she blow lak hurricane
   Bimeby she blow some more,
An' de scow bus' up on Lac St. Pierre
   Wan arpent from de shore.

De captinne walk on de fronte deck,
   An' walk de hin' deck too—
He call de crew from up de hole
   He call de cook also.
De cook she 's name was Rosie,
   She come from Montreal,

Wreck of the "Julie Plante"

Was chambre maid on lumber barge,
   On de Grande Lachine Canal.

De win' she blow from nor'-eas'-wes,'—
   De sout' win' she blow too,
W'en Rosie cry " Mon cher captinne,
   Mon cher, w'at I shall do?"
Den de Captinne t'row de big ankerre,
   But still the scow she dreef,
De crew he can't pass on de shore,
   Becos' he los' hees skeef.

De night was dark lak' wan black cat.
   De wave run high an' fas',
W'en de captinne tak' de Rosie girl
   An' tie her to de mas'.
Den he also tak' de life preserve,
   An' jomp off on de lak',
An' say, " Good-bye, ma Rosie dear,
   I go drown for your sak'."

Nex' morning very early
   'Bout ha'f-pas' two—t'ree—four—
De captinne—scow—an' de poor Rosie
   Was corpses on de shore,
For de win' she blow lak' hurricane
   Bimeby she blow some more,
An' de scow bus' up on Lac St. Pierre,
   Wan arpent from de shore.

The Habitant

MORAL.

Now all good wood scow sailor man
   Tak' warning by dat storm
An' go an' marry some nice French girl
   An' leev on wan beeg farm.
De win' can blow lak' hurricane
   An' s'pose she blow some more,
You can't get drown on Lac St. Pierre
   So long you stay on shore.

LE VIEUX TEMPS.

VENEZ ici, mon cher ami, an' sit down by
    me—so
An' I will tole you story of old tam long ago—
W'en ev'ryt'ing is happy—w'en all de bird is
    sing
An' me!—I 'm young an' strong lak moose an'
    not afraid no t'ing.

I close my eye jus' so, an' see de place w'ere
    I am born—
I close my ear an' lissen to musique of de horn,

Dat 's horn ma dear ole moder blow—an only
   t'ing she play
Is " viens donc vite Napoléon—'peche toi
   pour votre souper."—

An' w'en he 's hear dat nice musique—ma
   leetle dog " Carleau "
Is place hees tail upon hees back—an' den
   he 's let heem go—
He 's jomp on fence—he 's swimmin' crik—
   he 's ronne two forty gait,
He say " dat 's somet'ing good for eat—Car-
   leau mus' not be late."

O dem was pleasure day for sure, dem day of
   long ago
W'en I was play wit' all de boy, an' all de girl
   also;
An' many tam w'en I 'm alone an' t'ink of day
   gone by
An' pull latire an' spark de girl, I cry upon my
   eye.

Ma fader an' ma moder too, got nice, nice
   familee,
Dat 's ten garçon an' t'orteen girl, was mak' it
   twenty t'ree

Le Vieux Temps

But fonny t'ing de Gouvernement don't geev
    de firs' prize den
Lak w'at dey say dey geev it now, for only
    wan douzaine.

De English peep dat only got wan famiiee
    small size
Mus' be feel glad dat tam dere is no honder
    acre prize
For fader of twelve chil'ren—dey know dat
    mus' be so,
De Canayens would boss Kebeck—mebbe
    Ontario.

But dat is not de story dat I was gone tole
    you
About de fun we use to have w'en we leev a
    chez nous
We 're never lonesome on dat house, for many
    cavalier
Come at our place mos' every night—especially
    Sun-day.

But tam I 'member bes' is w'en I 'm twenty
    wan year—me—
An' so for mak' some pleasurement—we geev
    wan large soirée

De whole paroisse she be invite—de Curé he's
   come too—
Wit plaintee peep from 'noder place—dat's
   more I can tole you.

De night she's cole an' freeze also, chemin
   she's fill wit snow
An' on de chimley lak phantome, de win' is
   mak' it blow—
But boy an' girl come all de sam an' pass on
   grande parloir
For warm itself on beeg box stove, was mak'
   on Trois Rivières—

An' w'en Bonhomme Latour commence for
   tune up hees fidelle
It mak' us all feel very glad—l'enfant! he play
   so well,
Musique suppose to be firs' class, I offen hear,
   for sure
But mos' bes' man, beat all de res', is ole
   Bateese Latour—

An' w'en Bateese play Irish jeeg, he's learn
   on Mattawa
Dat tam he's head boss cook Shaintee—den
   leetle Joe Leblanc

Le Vieux Temps

Tak' hole de beeg Marie Juneau an' dance upon de floor
Till Marie say " Excuse to me, I cannot dance no more."—

An' den de Curé 's mak' de speech—ole Curé Ladouceur!
He say de girl was spark de boy too much on some cornerre—
An' so he 's tole Bateese play up ole fashion reel a quatre
An' every body she mus' dance, dey can't get off on dat.

Away she go—hooraw! hooraw! plus fort Bateese, mon vieux
Camille Bisson, please watch your girl—dat 's bes' t'ing you can do.
Pass on de right an' tak' your place Mamzelle Des Trois Maisons
You 're s'pose for dance on Paul Laberge, not Telesphore Gagnon.

Mon oncle Al-fred, he spik lak' dat—'cos he is boss de floor,
An' so we do our possibill an' den commence encore.

Dem crowd of boy an' girl I'm sure keep up
    until nex' day
If ole Bateese don't stop heseff, he come so
    fatigué.

An' affer dat, we eat some t'ing, tak' leetle
    drink also
An' de Curé, he's tole story of many year
    ago—
W'en Iroquois sauvage she's keel de Canayens
    an' steal deir hair,
An' say dat 's only for Bon Dieu, we don't be
    here—he don't be dere.

But dat was mak' de girl feel scare—so all de
    cavalier
Was ax hees girl go home right off, an' place
    her on de sleigh,
An' w'en dey start, de Curé say, " Bonsoir et
    bon voyage
Menagez-vous—tak' care for you—prenez-
    garde pour les sauvages."

An' den I go meseff also, an' tak' ma belle
    Elmire—
She's nicer girl on whole Comté, an' jus' got
    eighteen year—

"Away she go Hooraw! Hooraw!

Le Vieux Temps

Black hair—black eye, an' chick rosée dat 's lak
    wan fameuse on de fall
But don't spik much—not of dat kin', I can't
    say she love me at all.

Ma girl—she's fader beeg farmeur—leev 'noder
    side St. Flore
Got five-six honder acre—mebbe a leetle
    more—
Nice sugar bush—une belle maison—de bes' I
    never see—
So w'en I go for spark Elmire, I don't be mak'
    de foolish me—

Elmire!—she 's pass t'ree year on school—Ste.
    Anne de la Perade
An' w'en she 's tak' de firs' class prize, dat 's
    mak' de ole man glad;
He say " Ba gosh—ma girl can wash—can keep
    de kitchen clean
Den change her dress—mak' politesse before
    God save de Queen."

Dey 's many way for spark de girl, an' you
    know dat of course,
Some way dey might be better way, an' some
    dey might be worse

But I lak' sit some cole night wit' my girl on
 ole burleau
Wit' lot of hay keep our foot warm—an'
 plaintee buffalo—

Dat 's geev good chances get acquaint—an' if
 burleau upset
An' t'row you out upon de snow—dat 's better
 chances yet—
An' if you help de girl go home, if horse he
 ronne away
De girl she 's not much use at all—don't geev
 you nice baiser!

Dat 's very well for fun ma frien', but w'en
 you spark for keep
She 's not sam t'ing an' mak' you feel so scare
 lak' leetle sheep
Some tam you get de fever—some tam you 're
 lak snowball
An' all de tam you ack lak' fou—can't spik no
 t'ing at all.

Wall! dat 's de way I feel meseff, wit Elmire
 on burleau,
Jus' lak' small dog try ketch hees tail—roun'
 roun' ma head she go

"But I lak' sit some cole night wit' ma girl on ole burleau."

But bimeby I come more brave—an' tak' El-
   mire she's han'
" Laisse-moi tranquille " Elmire she say " You
   mus' be crazy man."

" Yass—yass I say " mebbe you t'ink I 'm wan
   beeg loup garou,
Dat 's forty t'ousand 'noder girl, I lef' dem all
   for you,
I s'pose you know Polique Gauthier your frien'
   on St. Cesaire
I ax her marry me nex' wick—she tak' me—I
   don't care."

Ba gosh; Elmire she don't lak dat—it mak'
   her feel so mad—
She commence cry, say " 'Poleon you treat me
   very bad—
I don't lak see you t'row you'seff upon Polique
   Gauthier,
So if you say you love me sure—we mak' de
   marieé."—

Oh it was fine tam affer dat—Castor I t'ink he
   know,
We 're not too busy for get home—he go so
   nice an' slow,

He 's only upset t'ree—four tam—an' jus'
   about daylight
We pass upon de ole man's place—an' every
   t'ing 's all right.

Wall! we leev happy on de farm for nearly
   fifty year,
Till wan day on de summer tam—she die—ma
   belle Elmire
I feel so lonesome lef' behin'—I tink 't was
   bes' mebbe—
Dat w'en le Bon Dieu tak' ma famme—he
   should not forget me.

But dat is hees biz-nesse ma frien'—I know
   dat 's all right dere
I 'll wait till he call " 'Poleon " den I will be
   prepare—
An' w'en he fin' me ready, for mak' de longue
   voyage
He guide me t'roo de wood hesef upon ma las'
   portage.

"'Poleon! hees sojer never fight more brave as dem poor habitants."

The Habitant

An' me only seein' f'ree—four tam—an' jus'
about dat light.
We pass apres on de man's place—an' every
t'ing 's all right.

"Pier! ma fils was happy on de farm for nearly
fifty year,
Till ma wife on de summer tam—she die—ma
belle Satrire
I was so lonesome lef' behin'—I tink 't was
bes' mebbe—
Dat w'en le Bon Dieu tak' ma famme—he
should not forget me.
"Poleon! bees sojer never fight more brave
as dem poor habitants."
Now dat is beeg bis-nesse ma frien'—I know
dat's all right dere
If I wait till he call "Poleon," den I will be
en panne—
So w'en he lie on' me ready, for mak' de longue
voyage
Ma gran'-pere t'rou de woud heself upon ma kse'
package.

"DE PAPINEAU GUN."

AN INCIDENT OF THE CANADIAN REBELLION OF 1837.

BON jour, M'sieu'—you want to know
   'Bout dat ole gun—w'at good she 's for?
W'y! Jean Bateese Bruneau—mon pere,
   Fight wit' dat gun on Pap'neau War!

Long tam since den you say—C'est vrai,
   An' me too young for 'member well,
But how de patriot fight an' die,
   I offen hear de ole folk tell.

De English don't ack square dat tam,
   Don't geev de habitants no show,
So 'long come Wolfred Nelson
   Wit' Louis Joseph Papineau.

An' swear de peep mus' have deir right,
   Wolfred he 's write Victoriaw,
But she 's no good, so den de war
   Commence among de habitants.

Mon pere he leev to Grande Brulé
  So smarter man you never see,
Was alway on de grande hooraw!
  Plaintee w'at you call "Esprit!"

An' w'en dey form wan compagnie
  All dress wit' tuque an' ceinture sash,
Ma fader tak' hees gun wit' heem
  An' marche away to Saint Eustache,

W'ere many patriots was camp
  Wit' brave Chenier, deir Capitaine,
W'en 'long come English Generale,
  An' more two t'ousan' sojer man.

De patriot dey go on church
  An' feex her up deir possibill;
Dey fight deir bes', but soon fin' out
  "Canon de bois" no good for kill.

An' den de church she come on fire,
  An' burn almos' down to de groun',
So w'at you t'ink our man can do
  Wit' all dem English armee roun'?

'Poleon, hees sojer never fight
  More brave as dem poor habitants,
Chenier, he try for broke de rank
  Chenier come dead immediatement.

"He fall near w'ere de cross is stan'."

"De Papineau Gun" 23

He fall near w'ere de cross is stan'
   Upon de ole church cimitiere,
Wit' Jean Poulin an' Laframboise
   An' plaintee more young feller dere.

De gun dey rattle lak' tonnere
   Jus' bang, bang, bang! dat 's way she go,
An' wan by wan de brave man 's fall
   An' red blood 's cover all de snow.

Ma fader shoot so long he can
   An' den he 's load hees gun some more,
Jomp on de ice behin' de church
   An' pass heem on de 'noder shore.

Wall! he reach home fore very long
   An' keep perdu for many day,
Till ev'ry t'ing she come tranquille,
   An' sojer man all gone away.

An' affer dat we get our right,
   De Canayens don't fight no more,
Ma fader's never shoot dat gun,
   But place her up above de door.

An' Papineau, an' Nelson too
   Dey 're gone long tam, but we are free,
Le Bon Dieu have 'em 'way up dere.
   Salut, Wolfred! Salut, Louis!

HOW BATEESE CAME HOME

W'EN I was young boy on de farm, dat's twenty year ago
I have wan frien' he's leev near me, call Jean Bateese Trudeau
An offen w'en we are alone, we lak for spik about
De tam w'en we was come beeg man, wit' moustache on our mout'.

Bateese is get it on hees head, he's too moche educate
For mak' de habitant farmerre—he better go on State—

" He's tole me all de w'ole biz-nesse."

An' so wan summer evening we 're drivin'
  home de cow
He 's tole me all de whole beez-nesse—jus' lak
  you hear me now.

" W'at 's use mak' foolish on de farm ? dere 's
  no good chances lef'
An' all de tam you be poor man—you know
  dat 's true you'se'f;
We never get no fun at all—don't never go on
  spree
Onless we pass on 'noder place, an' mak' it
  some monee.

" I go on Les Etats Unis, I go dere right away
An' den mebbe on ten-twelve year, I be riche
  man some day,
An' w'en I mak' de large fortune, I come back
  I s'pose
Wit' Yankee famme from off de State, an'
  monee on my clothes.

" I tole you somet'ing else also—mon cher
  Napoleon
I get de grande majorité, for go on parliament
Den buil' fine house on borde l'eau—near w'ere
  de church is stand
More finer dan de Presbytere, w'en I am come
  riche man ! "

I say " For w'at you spik lak dat ? you must
    be gone crazee
Dere 's plaintee feller on de State, more
    smarter dan you be,
Beside she 's not so healtee place, an' if you
    mak' l'argent,
You spen' it jus' lak Yankee man, an' not lak
    habitant.

" For me Bateese! I tole you dis: I 'm very
    satisfy—
De bes' man don't leev too long tam, some
    day Ba Gosh ! he die—
An' s'pose you got good trotter horse, an' nice
    famme Canadienne
Wit' plaintee on de house for eat—W'at more
    you want ma frien' ? "

But Bateese have it all mak' up, I can't stop
    him at all
He 's buy de seconde classe tiquette, for go on
    Central Fall—
An' wit' two-t'ree some more de boy,—w'at
    t'ink de sam' he do
Pass on de train de very nex' wick, was lef'
    Rivière du Loup.

How Bateese Came Home

Wall! mebbe fifteen year or more, since Bateese
    go away
I fin' mesef Rivière du Loup, wan cole, cole
    winter day
De quick express she come hooraw! but stop
    de soon she can
An' beeg swell feller jomp off car, dat 's boss
    by nigger man.

He 's dressim on de première classe, an' got
    new suit of clothes
Wit' long moustache dat 's stickim out, de
    'noder side hees nose
Fine gol' watch chain—nice portmanteau—an'
    long, long overcoat
Wit' beaver hat—dat 's Yankee style—an' red
    tie on hees t'roat—

I say " Hello Bateese! Hello! Comment ça va
    mon vieux ? "
He say " Excuse to me, ma frien' I t'ink I
    don't know you."
I say, " She 's very curis t'ing, you are Bateese
    Trudeau,
Was raise on jus' sam' place wit' me, dat 's
    fifteen year ago ? "

He say, " Oh yass dat 's sure enough—I know
 you now firs' rate,
But I forget mos' all ma French since I go on
 de State.
Dere 's 'noder t'ing kip on your head, ma frien'
 dey mus' be tole
Ma name 's Bateese Trudeau no more, but
 John B. Waterhole! "

" Hole on de water 's " fonny name for man
 w'at 's call Trudeau
Ma frien's dey all was spik lak dat, an' I am
 tole heem so—
He say " Trudeau an' Waterhole she 's jus'
 about de sam'
An' if you go for leev on State, you must have
 Yankee nam'."

Den we invite heem come wit' us, " Hotel du
 Canadaw "
W'ere he was treat mos' ev'ry tam, but can't
 tak' w'isky blanc,
He say dat 's leetle strong for man jus' come
 off Central Fall
An' " tabac Canayen " bedamme! he won't
 smoke dat at all!—

How Bateese Came Home

But fancy drink lak "Collings John" de way
    he put it down
Was long tam since I don't see dat—I t'ink
    he 's goin' drown!—
An' fine cigar cos' five cent each, an' mak' on
    Trois-Rivières
L'enfant! he smoke beeg pile of dem—for
    monee he don't care!—

I s'pose meseff it 's t'ree o'clock w'en we are
    t'roo dat night
Bateese, hees fader come for heem, an' tak'
    heem home all right
De ole man say Bateese spik French, w'en he
    is place on bed—
An' say bad word—but w'en he wake—forget
    it on hees head—

Wall! all de winter w'en we have soirée dat 's
    grande affaire
Bateese Trudeau, dit Waterhole, he be de boss
    man dere—
You bet he have beeg tam, but w'en de spring
    is come encore
He 's buy de première classe tiquette for go on
    State some more.

You 'member w'en de hard tam come on Les
   Etats Unis
An' plaintee Canayens go back for stay deir
   own contrée?
Wall! jus' about 'dat tam again I go Rivière
   du Loup
For sole me two t'ree load of hay—mak' leetle
   visit too—

De freight train she is jus' arrive—only ten
   hour delay—
She's never carry passengaire—dat 's w'at dey
   always say—
I see poor man on char caboose—he 's got
   heem small valise
Begosh! I nearly tak' de fit,—It is—it is
   Bateese!

He know me very well dis tam, an' say "Bon
   jour, mon vieux
I hope you know Bateese Trudeau was educate
   wit' you
I 'm jus' come off de State to see ma familee
   encore
I bus' mesef on Central Fall—I don't go dere
   no more."

How Bateese Came Home

"I got no monee—not at all—I'm broke it up
  for sure—
Dat's locky t'ing, Napoleon, de brakeman
  Joe Latour
He's cousin of wan frien' of me call Camille
  Valiquette,
Conductor too's good Canayen—don't ax me
  no tiquette."

I tak' Bateese wit' me once more "Hotel du
  Canadaw"
An' he was glad for get de chance drink some
  good w'isky blanc!
Dat's warm heem up, an den he eat mos'
  ev'ryt'ing he see,
I watch de w'ole beez-nesse mese'f—Monjee!
  he was hongree!

Madame Charette wat's kip de place get very
  much excite
For see de many pork an' bean Bateese put out
  of sight
Du pain doré—potate pie—an' 'noder t'ing be
  dere
But w'en Bateese is get heem t'roo—dey go I
  don't know w'ere.

It don't tak' long for tole de news " Bateese
   come off de State "
An' purty soon we have beeg crowd, lak vil-
   lage she 's en fête
Bonhomme Maxime Trudeau hese'f, he 's
   comin' wit' de pries'
An' pass' heem on de " Room for eat " w'ere
   he is see Bateese.

Den ev'rybody feel it glad, for watch de em-
   brasser
An' bimeby de ole man spik " Bateese you
   here for stay ? "
Bateese he 's cry lak beeg bebè, " Bâ j'eux
   rester ici.
An if I never see de State, I 'm sure I don't
   care—me."

" Correc'," Maxime is say right off, " I place
   you on de farm
For help your poor ole fader, won't do you too
   moche harm
Please come wit' me on Magasin, I feex you
   up—bâ oui
An' den you 're ready for go home an' see de
   familee."

How Bateese Came Home

Wall! w'en de ole man an' Bateese come off de Magasin
Bateese is los' hees Yankee clothes—he 's dress lak Canayen
Wit' bottes sauvages — ceinture fléché — an' coat wit' capuchon
An' spik Français au naturel, de sam' as habitant.

   .   .   .   .

I see Bateese de oder day, he 's work hees fader's place
I t'ink mese'f he 's satisfy—I see dat on hees face
He say " I got no use for State, mon cher Napoleon
Kebeck she 's good enough for me—Hooraw pour Canadaw."

DE NICE LEETLE CANADIENNE

YOU can pass on de worl' w'erever you lak,
    Tak' de steamboat for go Angleterre,
Tak' car on de State, an' den you come back,
    An' go all de place, I don't care—
Ma frien' dat 's a fack, I know you will say,
    W'en you come on dis contree again,
Dere 's no girl can touch, w'at we see ev'ry day,
        De nice leetle Canadienne.

Don't matter how poor dat girl she may be,
    Her dress is so neat an' so clean,
Mos' ev'rywan t'ink it was mak' on Paree
    An' she wear it, wall! jus' lak de Queen.

De Nice Leetle Canadienne

Den come for fin' out she is mak' it herse'f,
   For she ain't got moche monee for spen',
But all de sam' tam, she was never get lef',
      Dat nice leetle Canadienne.

W'en " un vrai Canayen " is mak' it mariée,
   You t'ink he go leev on beeg flat
An' bodder hese'f all de tam, night an' day,
   Wit' housemaid, an' cook, an' all dat?
Not moche, ma dear frien', he tak' de maison,
   Cos' only nine dollar or ten,
W'ere he leev lak blood rooster, an' save de
     l'argent,
      Wit' hees nice leetle Canadienne.

I marry ma famme w'en I 'm jus' twenty year,
   An' now we got fine familee,
Dat skip roun' de place lak leetle small deer,
   No smarter crowd you never see—
An' I t'ink as I watch dem all chasin' about,
   Four boy an' six girl, she mak' ten,
Dat 's help mebbe kip it, de stock from run out,
      Of de nice leetle Canadienne.

O she 's quick an' she 's smart, an' got plain-
     tee heart,
   If you know correc' way go about,
An' if you don't know, she soon tole you so
   Den tak' de firs' chance an' get out;

But if she love you, I spik it for true,
  She will mak' it more beautiful den,
An' sun on de sky can't shine lak de eye
    Of dat nice leetle Canadienne.

'POLEON DORÉ.

A TALE OF THE SAINT MAURICE.

YOU have never hear de story of de young Napoleon Doré ?
  Los' hees life upon de reever w'en de lumber drive go down ?
W'ere de rapide roar lak tonder, dat 's de place he 's goin' onder,
  W'en he 's try save Paul Desjardins, 'Poleon hese'f is drown.

All de winter on de Shaintee, tam she 's good, and work she 's plaintee,
  But we 're not feel very sorry, w'en de sun is warm hees face,
W'en de mooshrat an' de beaver, tak' some leetle swim on reever,
  An' de sout' win' scare de snowbird, so she fly some col'er place.

Den de spring is set in steady, an' we get de
    log all ready,
  Workin' hard all day an' night too, on de
    water mos' de tam,
An' de skeeter w'en dey fin' us, come so quickly
    nearly blin' us,
  Biz—biz—biz—biz—all aroun' us till we feel
    lak sacrédam.

All de sam' we 're hooraw feller, from de top
    of house to cellar,
  Ev'ry boy he 's feel so happy, w'en he 's
    goin' right away,
See hees fader an' hees moder, see hees sister
    an' hees broder,
  An' de girl he spark las' summer, if she 's
    not get marieé.

Wall we start heem out wan morning, an' de
    pilot geev us warning,
  " W'en you come on Rapide Cuisse, ma
    frien', keep raf' she's head on shore,
If you struck beeg rock on middle, w'ere le
    diable is play hees fiddle,
  Dat 's de tam you pass on some place, you
    don't never pass before."

But we'll not t'ink moche of danger, for de rapide she's no stranger
  Many tam we're runnin' t'roo it, on de fall an' on de spring,
On mos' ev'ry kin' of wedder dat le Bon Dieu scrape togedder,
  An' we'll never drown noboddy, an' we'll never bus' somet'ing.

Dere was Telesphore Montbriand, Paul Desjardins, Louis Guyon,
  Bill McKeever, Aleck Gauthier, an' hees cousin Jean Bateese,
'Poleon Doré, Aimé Beaulieu, wit' some more man I can't tole you,
  Dat was mak' it bes' gang never run upon de St. Maurice.

Dis is jus' de tam I wish me, I could spik de good English—me—
  For tole you of de pleasurement we get upon de spring,
W'en de win' she's all a sleepin', an' de raf' she go a sweepin'
  Down de reever on some morning, w'ile le rossignol is sing.

Ev'ryt'ing so nice an' quiet on de shore as we
    pass by it,
  All de tree got fine new spring suit, ev'ry
    wan she's dress on green
W'y it mak' us all more younger, an' we don't
    feel any hunger,
  Till de cook say "Raw for breakfas'," den
    we smell de pork an' bean.

Some folk say she's bad for leever, but for man
    work hard on reever,
  Dat 's de bes' t'ing I can tole you, dat was
    never yet be seen,
Course dere 's oder t'ing ah tak' me, fancy dish
    also I lak me,
  But w'en I want somet'ing solid, please pass
    me de pork an' bean.

All dis tam de raf' she 's goin' lak steamboat
    was got us towin'
  All we do is keep de channel, an' dat 's easy
    workin' dere,
So we sing some song an' chorus, for de good
    tam dat 's before us,
  W'en de w'ole beez-nesse she 's finish, an'
    we come on Trois Rivieres.

But bad luck is sometam fetch us, for beeg strong win' come an' ketch us,
  Jus' so soon we struck de rapide—jus' so soon we see de smoke,
An' before we spik some prayer for ourse'f dat 's fightin' dere,
  Roun' we come upon de beeg rock, an' it 's den de raf' she broke.

Dat was tam poor Paul Desjardins, from de parish of St. Germain,
  He was long way on de fronte side, so he 's fallin' overboar'
Could n't swim at all de man say, but dat's more ma frien', I can say,
  Any how he 's look lak drownin', so we 'll t'row him two t'ree oar.

Dat 's 'bout all de help our man do, dat 's 'bout ev'ryt'ing we can do,
  As de crib we 're hangin' onto balance on de rock itse'f,
Till de young Napoleon Doré, heem I start for tole de story,
  Holler out, " Mon Dieu, I don't lak see poor Paul go drown hese'f."

So he 's mak' beeg jomp on water, jus' de sam' you see some otter
  An' he 's pass on place w'ere Paul is tryin' hard for keep afloat,
Den we see Napoleon ketch heem, try hees possibill for fetch heem
  But de current she 's more stronger, an' de eddy get dem bote.

O Mon Dieu! for see dem two man, mak' me feel it cry lak woman,
  Roun' an' roun' upon de eddy, quickly dem poor feller go,
Can't tole wan man from de oder, an' we 'll know dem bote lak broder,
  But de fight she soon is finish—Paul an' 'Poleon go below.

Yass, an' all de tam we stay dere, only t'ing we do is pray dere,
  For de soul poor drownin' feller, dat 's enough mak' us feel mad,
Torteen voyageurs, all brave man, glad get any chances save man,
  But we don't see no good chances, can't do not'ing, dat 's too bad.

"So we bury dem as we fin' dem."

Wall! at las' de crib she 's come way off de
   rock, an' den on some way,
  By an' by de w'ole gang 's passin' on safe
   place below de Cuisse,
Ev'ryboddy's heart she 's breakin', w'en dey
   see poor Paul he 's taken
  Wit' de young Napoleon Doré, bes' boy on
   de St. Maurice!

An' day affer, Bill McKeever fin' de bote man
   on de reever,
  Wit' deir arm aroun' each oder, mebbe pass
   above dat way—
So we bury dem as we fin' dem, w'ere de pine
   tree wave behin' dem
  An de Grande Montagne he 's lookin' down
   on Marcheterre Bay.

You can't hear no church bell ring dere, but le
   rossignol is sing dere,
  An' w'ere ole red cross she 's stannin', mebbe
   some good ange gardien,
Watch de place w'ere bote man sleepin', keep
   de reever grass from creepin'
  On de grave of 'Poleon Doré, an' of poor
   Paul Desjardins.

DE NOTAIRE PUBLIQUE

M'sieu Paul Joulin,
　　de Notaire Pub-
　　lique
　Is come I s'pose
　　seexty year hees
　　life
An' de mos' riche man on
　　Sainte Angelique
　W'en he feel very sorry
　　he got no wife—
So he 's paint heem hees
　　buggy, lak new, by Gor!
　Put flower on hees coat, mak' hese'f more
　　gay
Arrange on hees head fine chapeau castor
　An' drive on de house of de Boulanger.

For de Boulanger 's got heem une jolie fille
　Mos' bes' lookin' girl on paroisse dey say

"An drive on de house of de Boulanger."

An' all de young feller is lak Julie
   An' plaintee is ax her for mak' mariée,
But Julie she 's love only jus' wan man,
   Hees nam' it is Jérémie Dandurand
An' he 's work for her sak' all de hard he can'
   'Way off on de wood, up de Mattawa.

M'Sieu Paul he spik him " Bonjour Mamzelle,
   You lak promenade on de church wit' me ?
Jus' wan leetle word an' we go ma belle
   An' see heem de Curé toute suite, chérie;
I dress you de very bes' style à la mode,
   If you promise for be Madame Paul Joulin,
For I got me fine house on Bord à Plouffe road
   Wit' mor'gage also on de Grande Moulin."

But Julie she say " Non, non, M'Sieu Paul,
   Dat 's not correc' t'ing for poor Jérémie
For I love dat young feller lak not'ing at all,
   An' I 'm very surprise you was not know me.
Jérémie w'en he 's geev me dat nice gol' ring,
   Las' tam he 's gone off on de Mattawa
Say he 's got 'noder wan w'en he 's come nex'
   spring
   Was mak' me for sure Madame Dandurand.

" I t'ank you de sam' M'Sieu Paul Joulin
   I s'pose I mus' be de wife wan poor man

Wit' no chance at all for de Grande Moulin,
   But leev all de tam on some small cabane."
De Notaire Publique den is tak' hees hat,
   For he t'ink sure enough dat hees dog she's
      dead;
Dere 's no use mak' love on de girl lak dat,
   Wit' not'ing but young feller on de head.

Julie she 's feel lonesome mos' all dat week,
   Don't know w'at may happen she wait till
      spring
Den t'ink de fine house of Notaire Publique
   An' plaintee more too—but love 's funny
      t'ing!
So nex' tam she see de Notaire again,
   She laugh on her eye an' say " M'Sieu Paul
Please pass on de house, or you ketch de rain,
   Dat 's very long tam you don't come at all."

She 's geev him so soon he 's come on de door
   Du vin de pays, an' some nice galettes,
She 's mak' dem herse'f only day before
   An' he say " Bigosh! dat is fine girl yet."
So he 's try hees chances some more—hooraw!
   Julie is not mak' so moche troub' dis tam;
She 's forget de poor Jérémie Dandurand
   An' tole de Notaire she will be hees famme.

W'en Jérémie come off de wood nex' spring,
　An' fin' dat hees girl she was get mariée
Everybody 's expec' he will do somet'ing,
　But he don't do not'ing at all, dey say;
For he 's got 'noder girl on Sainte Dorothée,
　Dat he 's love long tam, an' she don't say
　　　" No,"
So he 's forget too all about Julie
　An' mak' de mariée wit' hese'f also.

"MAXIME LABELLE."

VICTORIAW: she have beeg war, E-gyp 's
   de nam' de place—
An' neeger peep dat 's leev 'im dere, got very
   black de face,
An' so she 's write Joseph Mercier, he 's stop
   on Trois Rivieres—
" Please come right off, an' bring wit' you t'ree
   honder voyageurs.

"Maxime Labelle"

" I got de plaintee sojer, me, beeg feller six foot
    tall —
Dat 's Englishman, an' Scotch also, don't wear
    no pant at all;
Of course, de Irishman 's de bes', raise all de
    row he can,
But noboddy can pull batteau lak good Cana-
    dian man.

" I geev you steady job for sure, an' w'en you
    get 'im t'roo
I bring you back on Canadaw, don't cos' de
    man un sou,
Dat 's firs'-class steamboat all de way Kebeck
    an' Leeverpool,
An' if you don't be satisfy, you mus' be beeg,
    beeg fool."

We meet upon Hotel Dufresne, an' talk heem
    till daylight,
An' Joe he 's treat so many tam, we very near
    get tight,
Den affer w'ile, we mak' our min' dat 's not
    bad chance, an' so
Joseph Mercier he 's telegraph, " Correc', Ma-
    dame, we go."

So Joe arrange de whole beez-nesse wit' Queen Victoriaw;
Two dollar day—work all de tam—dat 's purty good l'argent!
An' w'en we start on Trois Rivieres, for pass on boar' de ship,
Our frien' dey all say, " Bon voyage," an' den Hooraw! E-gyp'!

Dat beeg steamboat was plonge so moche, I 'm 'fraid she never stop—
De Capitaine 's no use at all, can't kip her on de top—
An' so we all come very sick, jus' lak one leetle pup,
An' ev'ry tam de ship 's go down, de inside she 's go up.

I 'm sorry spoke lak dis, ma frien', if you don't t'ink it 's so,
Please ax Joseph Mercier hese'f, or Aleck De Courteau,
Dat stay on bed mos' all de tam, so sick dey nearly die,
But lak' some great, beeg Yankee man, was never tole de lie.

"Maxime Labelle"

De gang she 's travel, travel, t'roo many
    strange contree,
An' ev'ry place is got new nam', I don't re-
    member, me,
We see some fonny t'ing, for sure, more fonny
    I can tell,
But w'en we reach de Neel Riviere, dat 's feel
    more naturel.

So many fine, beeg sojer man, I never see be-
    fore,
All dress heem on grand uniform, is wait upon
    de shore,
Some black, some green, an' red also, cos'
    honder dollar sure,
An' holler out, " She 's all right now, here
    come de voyageurs! "

We see boss Generale also, he 's ride on beeg
    chameau,
Dat 's w'at you call Ca-melle, I t'ink, I laugh
    de way she go!
Jomp up, jomp down, jomp ev'ry place, but
    still de Generale
Seem satisfy for stay on top, dat fonny an-i-
    mal.

He 's holler out on Joe Mercier, " Comment
 câ va Joseph
You lak for come right off wit' me, tak' leetle
 ride yourseff ? "
Joseph, he mak' de grand salut, an' tak' it off
 hees hat,
" Merci, Mon Generale," he say, " I got no use
 for dat."

Den affer we was drink somet'ing, an' sing
 " Le Brigadier,"
De sojer fellers get prepare, for mak' de em-
 barquer,
An' everybody 's shout heem out, w'en we
 tak' hole de boat
" Hooraw pour Queen Victoriaw! " an' also
 " pour nous autres."

Bigosh; I do hard work mese'f upon de Ot-
 tawa,
De Gatineau an' St. Maurice, also de Mat-
 tawa,
But I don't never work at all, I 'sure you dat 's
 a fack
Until we strike de Neel Riviere, an' sapré
 Catarack!

"Dis way, dat way, can't keep her straight,"
  "look out, Bateese, look out!"
"Now let her go"—"arrete un peu," dat's
  way de pilot shout,
"Don't wash de neeger girl on shore," an'
  "prenez garde behin',"
"W'at's matter wit' dat rudder man? I t'ink
  he's goin' blin'!"

Some tam of course, de boat's all right, an'
  carry us along
An' den again, we mak portage, w'en current
  she's too strong
On place lak' dat, we run good chance, for sun-
  struck on de neck,
An' plaintee tam we wish ourseff was back on
  ole Kebeck.

De seconde Catarack we pass, more beeger dan
  de Soo,
She's nearly t'orty mile for sure, it would as-
  tonish you,
Dat's place t'ree Irishman get drown, wan day
  we have beeg storm,
I s'pose de Queen is feel lak cry, los' dat nice
  uniform!

De night she 's very, very cole, an' hot upon
  de day,
An' all de tam, you feel jus' lak you 're goin'
  melt away,
But never min' an' don't get scare, you mak'
  it up all right,
An' twenty poun' you los' dat day, she 's
  comin' back sam' night.

We got small bugle boy also, he 's mebbe stan'
  four foot,
An' firs' t'ing ev'ry morning, sure, he mak' it
  toot! toot! toot!
She 's nice enough upon de day, for hear de
  bugle call,
But w'en she play before daylight, I don't lak
  dat at all.

We mus' get up immediatement, dat leetle
  feller blow,
An' so we start heem off again, for pull de
  beeg batteau,
De sojer man he 's nice, nice boy, an' help us
  all he can,
An' geev heem chance, he 's mos' as good lak
  some Canadian man.

Wall all de tam, she go lak dat, was busy every
    day,
Don't get moche chance for foolish-ness, don't
    get no chance for play,
Dere 's plaintee danger all aroun', an' w'en
    we 're comin' back
We got look out for run heem safe, dem sapré
    Catarack.

But w'ere 's de war? I can't mak' out, don't
    see no fight at all!
She 's not'ing but une Grande Piqnique, dat 's
    las' in all de fall!
Mebbe de neeger King he 's scare, an' skip
    anoder place,
An' pour la Reine Victoriaw! I never see de
    face.

But dat 's not ma beez-nesse, ma frien', I 'm
    ready pull batteau
So long she pay two dollar day, wit' pork an'
    bean also;
An' if she geev me steady job, for mak' some
    more l'argent,
I say, "Hooraw! for all de tam, on Queen
    Victoriaw!"

MEMORIES

O SPIRIT of the mountain that speaks to us to-night,
Your voice is sad, yet still recalls past visions of delight,
When 'mid the grand old Laurentides, old when the earth was new,
With flying feet we followed the moose and caribou.

And backward rush sweet memories, like fragments of a dream,
We hear the dip of paddle blades, the ripple of the stream,

"Again o'er dark Wayagamack."

"Again o'er old life's guide-mark."

SPIRIT of the mountain that speaks to us to-night,

Forest is old, yet still recalls past visions of delight.

Old as the grand old Laurentides, old as when earth was new,

In days long past we followed the moose and caribou.

O'er backward rush sweet memories, like fragments of a dream,

Hear the dip of paddle blades, the ripple of the stream.

The mad, mad rush of frightened wings from brake and covert start,
The breathing of the woodland, the throb of nature's heart.

Once more beneath our eager feet the forest carpet springs,
We march through gloomy valleys, where the vesper sparrow sings.
The little minstrel heeds us not, nor stays his plaintive song,
As with our brave coureurs de bois we swiftly pass along.

Again o'er dark Wayagamack, in bark canoe we glide,
And watch the shades of evening glance along the mountain side.
Anon we hear resounding the wizard loon's wild cry,
And mark the distant peak whereon the ling'ring echoes die.

But Spirit of the Northland! let the winter breezes blow,
And cover every giant crag with rifts of driving snow.

Freeze every leaping torrent, bind all the crystal lakes,
Tell us of fiercer pleasures when the Storm King awakes.

And now the vision changes, the winds are loud and shrill,
The falling flakes are shrouding the mountain and the hill,
But safe within our snug cabane with comrades gathered near,
We set the rafters ringing with " Roulant " and " Brigadier."

Then after Pierre and Telesphore have danced " Le Caribou,"
Some hardy trapper tells a tale of the dreaded Loup Garou,
Or phantom bark in moonlit heavens, with prow turned to the East,
Bringing the Western voyageurs to join the Christmas feast.

And while each backwoods troubadour is greeted with huzza
Slowly the homely incense of " tabac Canayen "

Rises and sheds its perfume like flowers of Araby,
O 'er all the true-born loyal Enfants de la Patrie.

And thus with song and story, with laugh and jest and shout,
We heed not dropping mercury nor storms that rage without,
But pile the huge logs higher till the chimney roars with glee,
And banish spectral visions with La Chanson Normandie.

" Brigadier! répondit Pandore
Brigadier! vous avez raison,
Brigadier! répondit Pandore,
Brigadier! vous avez raison! "

O spirit of the mountain! that speaks to us to-night,
Return again and bring us new dreams of past delight,
And while our heart-throbs linger, and till our pulses cease,
We'll worship thee among the hills where flows the Saint-Maurice.

A STORY OF THE "CHASSE GALLERIE."

In the days of the "Old Regime" in Canada, the free life of the woods and prairies proved too tempting for the young men, who frequently deserted civilization for the savage delights of the wilderness. These voyageurs and coureurs de bois seldom returned in the flesh, but on every New Year's Eve, back thro' snowstorm and hurricane—in mid-air—came their spirits in ghostly canoes, to join, for a brief spell, the old folks at home and kiss the girls, on the annual feast of the "Jour de l'an," or New Year's Day. The legend which still survives in French-speaking Canada, is known as "La Chasse Gallerie."

"He sit on de corner mos' ev'ry night."

Phil-o-rum Juneau

HE sit on de corner mos' every night, ole
    Phil-o-rum Juneau,
Spik wit' hese'f an' shake de head, an' smoke
    on de pipe also—
Very hard job it 's for wake him up, no matter
    de loud we call
W'en he 's feex hese'f on de beeg arm-chair,
    back on de kitchen wall.

He don't believe not'ing at all, at all 'bout
    lates' new fashion t'ing
Le char 'lectrique an' de telephome, was talk
    w'en de bell she ring
Dat 's leetle too moche for de ole bonhomme,
    mak' him shake it de head an' say
"Wat's use mak' de foolish lak dat, sapré!
    I 'm not born only yesterday."

But if you want story dat 's true, true, true, I
    tole you good wan moi-meme
An de t'ing you was spik, dat I don't believe,
    for sure she was beat all dem.
So he 's cough leetle cough, clear 'im up de
    t'roat, fill hees pipe wit' some more tabac,
An' w'en de chil'ren is come tranquille, de ole
    man begin comme câ.

L'enfant! l'enfant! it 's very strange t'ing!
  mak' me laugh too w'en I hear
De young peep talk of de long, long tam of
  seventy, eighty year!
Dat 's only be jus' eighty New Year Day, an'
  quickly was pass it by
It 's beeg, beeg dream, an' you don't wake up,
  till affer you 're comin' die.

Dat 's true sure enough, you see curi's t'ing,
  if you only leev leetle w'ile,
So long you got monee go all de place, for
  mebbe t'ree t'ousan' mile,
But monee 's not everyt'ing on dis worl', I tole
  you dat, mes amis,
An' man can be ole lak' two honder year, an'
  not see it, La Chasse Gal'rie.

I never forget de fine New Year night, nearly
  seexty year ago,
W'en I 'm lef' it our place for attend soiree, on
  ole Maxime Baribault,
Nine mile away, I can see tin roof, on church
  of de St. Joseph,
An' over de snow, de leaf dat die las' fall, was
  chasin' itse'f.

Phil-o-rum Juneau

Dere was some of de neighbor house I call,
    dat 's be de ole fashion style,
An' very nice style too, mes amis, I hope she
    will las' long w'ile,
I shak' it de han', I drink santé, an' kiss it de
    girl she 's face,
So it 's come ten o'clock, w'en I pass on road,
    for visit Maxime hees place.

But I 'm not go more mebbe t'ree arpent, w'en
    de sky is get black all roun',
An' de win' she blow lak I never see, an' de
    beeg snowstorm come down.
I mak' it my min' she 's goin' be soon, de very
    bad night for true,
Dat 's locky I got plaintee whiskey lef', so I
    tak' it wan leetle " coup."

Purty quick affer dat, I 'm comin' nice place,
    was stan'in' some fine beeg tree
W'ere de snow don't dreef', an' it seem jus'
    lak dat place it is mak' for me,
So I pass it on dere, for mak' safe mese'f, w'ile
    de storm is blow outside,
As if all de devil on hell below, was tak' heem
    some fancy ride.

Wan red fox he 's comin' so close, so close, I
   could ketch him wit' de han',
But not on de tam lak dis ma frien', " Marche
   toi all de quick you can,"
Poor feller he 's tire an' seem los' hees way,
   an' w'en he reach home dat night
Mebbe he fin' it all was close up, an' de door
   it was fassen tight.

But w'at is dat soun' mak' de hair stan' up,
   w'at is it mean, dat cry ?
Comin' over de high tree top, out of de nor'-
   wes' sky
Lak cry of de wil' goose w'en she pass on de
   spring tam an' de fall,
But wil' goose fly on de winter night! I never
   see dat at all.

On, on t'roo de night, she is quickly come,
   more closer all de tam,
But not lak de cry of some wil' bird now, don't
   seem it at all de sam';
An' den wit' de rush of de win', I hear some-
   body sing chanson
An' de song dey sing is de ole, ole song, " Le
   Canayen Errant."

She's comin', wan beeg canoe."

Wan red fox he 's comin' so close, so close, I
   could ketch him wit' de han',
But tell on de tam lak dis ma frien', "Marche
   you all de quick you can."
Poor feller he 's tire an' mos' los' biccause,
   an' w'en he reach home dat night
Mebbe he fin' it all was close up, an' de door
   it was fassen tight.

But w'at is dat soun' mak' de hair stan' up,
   w'at is it mean, dat cry?
Comin' over de high tree top, out of de **nor'-
   wes'**, wan beeg canoe,
Lak cry of de wil' goose w'en **she** pass on de
   spring tam an' de fall,
But wil' goose fly on de winter night! I never
   see dat at all.

On, on t'roo **de** night, she **is** quickly come,
   more closer all de tam,
But not lak de cry of some wil' bird now, don't
   seem it at all de sam';
An' den wit' de rush of de win', **I hear some-
   body sing chanson**
An' de song dey sing is de ole, ole song, " Le
   Canayen Errant."

64

But it 's mak' me lonesome an' scare also, jus'
   sam' I be goin' for die
W'en I lissen dat song on night lak dis, so far
   away on de sky,
Don't know w'at to do at all mese'f, so I go
   w'ere I have good view,
An' up, up above t'roo de storm an' snow,
   she 's comin' wan beeg canoe.

Den somebody call it ma nam' out loud, firs'
   tam it was scare me so,
" We know right away, dat was you be dere,
   hello Phil-o-rum, hello!"
An' soon I see him dat feller spik, I 'member
   him too mese'f,
We go de sam' school twenty year before, hees
   nam's Telesphore Le Boeuf.

But I know on de way canoe she go, dat de
   crowd he mus' be dead man
Was come from de Grande Riviere du Nord,
   come from Saskatchewan,
Come too from all de place is lie on de Hodson
   Bay Contree,
An' de t'ing I was see me dat New Year night,
   is le phantome Chasse Gal'rie.

An' many de boy I was see him dere, I know
  him so long before
He 's goin' away on de far contree—for never
  return no more—
An' now on phantome he is comin' home—t'roo
  de storm an' de hurricane
For kiss him de girl on jour de l'an, an' see de
  ole peep again.

De beeg voyageur w'at is steer canoe, wit'
  paddle hol' on hees han'
Got very long hair was hang down hees neck,
  de sam' as wil' Injin man
Invite me on boar' dat phantome canoe, for
  show it dead man de way—
Don't lak it de job, but no use refuse, so I 'll
  mak' it de embarquer.

Den wan of de gang, he mus' be foreman, say
  it 's tam for have leetle drink,
So he pass heem black bottle for tak' un
  " coup," an' it 's look lak ma own I t'ink,
But it can't be de sam', I 'll be swear for dat,
  for w'en I was mak' de go,
I fin' dere is not'ing inside but win', an' de
  whiskey 's phantome also.

Phil-o-rum Juneau

Dey be laugh affer dat, lak dey tak' some fit,
    so de boss spik him, " Tiens Phil-o-rum,
Never min' on dem feller—mus' have leetle
    sport, dat 's very long way we come,
Will you ketch it de paddle for steer us quick
    on place of Maxime Baribault ? "
An' he 's ax me so nice, I do as he please', an
    den away off she go.

Wan minute—two minute—we pass on dere,
    Maxime he is all hooraw!
An' we know by musique dat was play inside,
    mus' be de great Joe Violon,
Dat feller work fiddle on very bes' way, dat
    nobody never see
Mak' de boy an' de girl, ole peep also, dance
    lak dey was go crazee.

You s'pose dey was let me come on dat house ?
    Not at all, for de boss he say,
" Phil-o-rum, it 's long tam we don't see our
    fren', can't get heem chance ev'ry day,
Please stop on canoe so she won't blow off,
    w'ile we pass on de house an' see
Dem frien' we was lef' an' de girl we spark,
    before we go strange contree."

An' me I was sit on canoe outside, jus' lak I
    was sapré fou,
Watchin' dem feller dat 's all dead man, dance
    heem lak Loup Garou.
De boss he kiss Marie Louise, ma girl, dat 's
    way he spen' mos' de tam,
But of course she know not'ing of dat biz-nesse
    —don't lak it me jus' de sam'.

By tam I 'm commence it for feel de col',
    dey 're all comin' out encore,
An' we start off again t'roo de sky, hooraw!
    for mak' de visite some more,
All de place on de parish we go dat night,
    w'erever dey get some dance,
Till I feel it so tire, I could sleep right off, but
    dey don't geev it me no chance.

De las' place w'ere passin' dat 's Bill Boucher,
    he 's very good frien' of me,
An' I t'ink it 's near tam I was lef' dat crowd,
    so I 'll snub de canoe on tree,
Den affer dead man he was safe inside, an'
    ev'rywan start danser,
I go on de barn wat 's behin' de house, for
    see I can't hide away.

Phil-o-rum Juneau

She 's nice place de barn, an' got plaintee
    warm, an' I 'm feel very glad be dere,
So long dead feller don't fin' me out, an' ketch
    it me on de hair,
But s'pose I get col', work him hard all night,
    'cos I make it wan leetle cough,
W'en de rooster he 's scare, holler t'ree, four
    tam, an' whole t'ing she bus' right off.

I 'll never see not'ing so quick again---Canoe
    an' dead man go scat!
She 's locky de rooster he mak' de noise, bus'
    ev'ryt'ing up lak dat,
Or mebbe dem feller get me encore, an' tak'
    me on Hodson Bay,
But it 's all right now, for de morning 's come,
    an' he see me ole Bill Boucher.

I 'm feel it so tire, an' sore all de place, wit' all
    de hard work I do',
'Cos I 'm not very use for mak' paddle, me, on
    beeg, beeg phantome canoe,
But Bill an' hees boy dey was leef me up, an'
    carry me on maison
W'ere plaintee nice t'ing dey was mak' me eat,
    an' drink it some whiskey blanc.

An' now w'en I 'm finish, w'at you t'ink it
    youse'f, 'bout story dat you was hear?
No wonner ma hair she is all turn w'ite before
    I get eighty year!
But 'member dis t'ing, I be tole you firs, don't
    los' it mes chers amis,
De man he can leev him on long, long tam,
    an' not see it La Chasse Gal'rie!

  . . . .

He sit on de corner mos' every night, ole Phil-
    o-rum Juneau,
Spik wit' hese'f, an' shak' de head, an' smoke
    on de pipe also,
But kip very quiet, don't wak' him up, let him
    stay on de kitchen wall,
For if you believe w'at de ole man say, you
    believe anyt'ing at all.

DE BELL OF ST. MICHEL

G O 'way, go 'way, don't ring no more, ole bell of Saint Michel,
For if you do, I can't stay here, you know dat very well,
No matter how I close ma ear, I can't shut out de soun',
It rise so high 'bove all de noise of dis beeg Yankee town.

An' w'en it ring, I t'ink I feel de
   cool, cool summer breeze
Dat 's blow across Lac Peezagonk,
   an' play among de trees,
Dey're makin' hay, I know mese'f,
   can smell de pleasant smell
O! how I wish I could be dere to-
   day on Saint Michel!

It 's fonny t'ing, for me I 'm sure,
   dat 's travel ev'ryw'ere,
How moche I t'ink of long ago
   w'en I be leevin' dere;
I can't 'splain dat at all, at all,
   mebbe it 's naturel,
But I can't help it w'en I hear de
   bell of Saint Michel.

Dere 's plaintee t'ing I don't for-
   get, but I remember bes'
De spot I fin' wan day on June de
   small san'piper's nes'
An' dat hole on de reever w'ere I
   ketch de beeg, beeg trout
Was very nearly pull me in before
   I pull heem out.

An' leetle Elodie Leclaire, I won-
   ner if she still
Leev jus' sam' place she use to
   leev on 'noder side de hill,

De Bell of St. Michel

But s'pose she marry Joe Barbeau, dat 's alway
    hangin' roun'
Since I am lef' ole Saint Michel for work on
    Yankee town.

Ah! dere she go, ding dong, ding dong, its
    back, encore again
An' ole chanson come on ma head of " a la
    claire fontaine,"
I 'm not surprise it soun' so sweet, more sweeter
    I can tell
For wit' de song also I hear de bell of Saint
    Michel.

It 's very strange about dat bell, go ding dong
    all de w'ile
For when I 'm small garçon at school, can't
    hear it half a mile;
But seems more farder I get off from Church
    of Saint Michel,
De more I see de ole village an' louder soun'
    de bell.

O! all de monee dat I mak' w'en I be travel roun'
Can't kip me long away from home on dis beeg
    Yankee town,
I t'ink I 'll settle down again on Parish Saint
    Michel,
An' leev an' die more satisfy so long I hear dat
    bell.

PELANG! Pelang! Mon cher garçon,
   I t'ink of you—t'ink of you night and day—
Don't mak' no difference, seems to me
   De long long tam you 're gone away.

    .   .   .   .

De snow is deep on de Grande Montagne—
   Lak tonder de rapide roar below—
De sam' kin' night, ma boy get los'
   On beeg, beeg storm forty year ago.

An' I never was hear de win' blow hard,
   An' de snow come sweesh on de window pane—

"Was say on de inside 'Je t'aime **toujours.**'"

Pelang

But ev'ryt'ing 'pear lak' it 's yesterday
   An' whole of ma troub' is come back again.

Ah me! I was foolish young girl den
   It 's only ma own plaisir I care,
An' w'en some dance or soirée come off
   Dat 's very sure t'ing you will see me dere.

Don't got too moche sense at all dat tam,
   Run ev'ry place on de whole contree—
But I change beeg lot w'en Pelang come 'long,
   For I love him so well, kin' o' steady me.

An' he was de bes' boy on Coteau,
   An' t'ink I am de bes' girl too for sure—
He 's tole me dat, geev de ring also
   Was say on de inside " Je t'aime toujours."

I geev heem some hair dat come off ma head,
   I mak' de nice stocking for warm hees feet,
So ev'ryt'ing 's feex, w'en de spring is come
   For mak' mariée on de church toute suite.

" W'en de spring is come!" Ah I don't see dat,
   Dough de year is pass as dey pass before,
An' de season come, an' de season go,
   But our spring never was come no more.

    . . . .

The Habitant

It 's on de fête of de jour de l'an,
   An' de worl' outside is cole an' w'ite,
As I sit an' watch for mon cher Pelang
   For he 's promise come see me dis very night.

Bonhomme Peloquin dat is leev near us—
   He 's alway keep look heem upon de moon—
See fonny t'ing dere only week before,
   An' say he 's expec' some beeg storm soon.

So ma fader is mak' it de laugh on me'
   " Pelang he 's believe heem de ole Bonhomme
Dat t'ink he see ev'ryt'ing on de moon
   An' mebbe he 's feel it too scare for come."

But I don't spik not'ing I am so sure
   Of de promise Pelang is mak' wit' me—
An' de mos' beeg storm dat is never blow
   Can't kip heem away from hees own Marie.

I open de door, an' pass outside
   For see mese'f how de night is look
An' de star is commence for go couché
   De mountain also is put on hees tuque.

No sooner, I come on de house again
   W'ere ev'ryt'ing feel it so nice an' warm,
Dan out of de sky come de Nor' Eas' win'—
   Out of de sky come de beeg snow storm.

Pelang

Blow lak not'ing I never see,
    Blow lak le diable he was mak' grande tour;
De snow come down lak wan avalanche,
    An' cole! Mon Dieu, it is cole for sure!!

I t'ink, I ti'nk of mon pauvre garçon,
    Dat 's out mebbe on de Grande Montagne;
So I place chandelle we're it 's geev good light,
    An' pray Le Bon Dieu he will help Pelang.

De ole folk t'ink I am go crazee,
    An' moder she 's geev me de good night kiss;
She say " Go off on your bed, Marie,
    Dere 's nobody come on de storm lak dis."

But ma eye don't close dat long long, night
    For it seem jus' lak phantome is near,
An' I ti'nk of de terrible Loup Garou
    An' all de bad story I offen hear.

Dere was tam I am sure somet'ing call " Marie "
    So plainly I open de outside door,
But it 's meet me only de awful storm,
    An de cry pass away—don't come no more.

An' de morning sun, w'en he 's up at las',
    Fin' me w'ite as de face of de snow itse'f,
For I know very well, on de Grande Montagne,
    Ma poor Pelang he 's come dead hese'f.

It 's noon by de clock w'en de storm blow off,
   An' ma fader an' broder start out for see
Any track on de snow by de Mountain side,
   Or down on de place w'ere chemin should be.

No sign at all on de Grande Montagne,
   No sign all over de w'ite, w'ite snow;
Only hear de win' on de beeg pine tree,
   An' roar of de rapide down below.

An' w'ere is he lie, mon cher Pelang!
   Pelang ma boy I was love so well?
Only Le Bon Dieu up above
   An' mebbe de leetle snow bird can tell.

An I t'ink I hear de leetle bird say,
   "Wait till de snow is geev up it's dead,
Wait till I go, an' de robin come,
   An' den you will fin' hees cole, cole bed."

An' it 's all come true, for w'en de sun
   Is warm de side of de Grande Montagne
An' drive away all de winter snow,
   We fin' heem at las', mon cher Pelang!

An' here on de fête of de jour de l'an,
   Alone by mese'f I sit again,
W'ile de beeg, beeg storm is blow outside,
   An' de snow come sweesh on de window
      pane.

" I t'ink of you night an' day."

Pelang

Not all alone, for I t'ink I hear
   De voice of ma boy gone long ago;
Can hear it above de hurricane,
   An' roar of de rapide down below.

Yes—yes—Pelang, mon cher garçon!
   I t'ink of you, t'ink of you night an' day
Don't mak' no difference seems to me
   How long de tam you was gone away.

MON CHOUAL "CASTOR"

I'M poor man, me, but I buy las' May
   Wan horse on de Comp'nie Passengaire,
An' auction feller w'at sole heem say
   She's out of de full-breed "Messengaire."

Good trotter stock, also galluppe,
   But work long tam on de city car,
Of course she's purty well break heem up,
   So come leetle cheap—twenty-wan dollarre.

Mon Choual "Castor"

Firs' chance I sen' heem on St. Cesaire,
    W'ere I t'ink he 's have moche better sight,
Mebbe de grass an' de contree air
    Very soon was feex heem up all right.

I lef' heem dere till de fall come 'long,
    An' dat trotter he can't eat grass no more,
An' w'en I go dere, I fin' heem strong
    Lak not'ing I never see before.

I heetch heem up on de light sulkee,
    L'enfant! dat horse he is cover groun'!
Don't tak' long tam for de crowd to see
    Mon choual he was leek all trotter roun'.

Come down de race course lak' oiseau
    Tail over datch boar', nice you please,
Can't tell for sure de quick he go,
    S'pose somew'ere 'bout two, t'ree forties.

I treat ma frien' on de whiskey blanc,
    An' we drink " Castor " he 's bonne santé
From L'Achigan to St. Armand,
    He 's bes' horse sure on de whole comté.

    .   .   .   .

'Bout week on front of dis, Lalime,
    Dat man drive horse call " Clevelan' Bay "
Was challenge, so I match wit' heem
    For wan mile heat on straight away.

The Habitant

Dat 's twenty dollarre on wan side,
    De lawyer 's draw de paper out,
But if dem trotter come in tied,
    Wall! all dat monee 's go on spout.

Nex' t'ing ma backer man, Labrie,
    Tak' off his catch-book vingt cinq cents,
An' toss Lalime bes' two on t'ree
    For see who 's go on inside fence.

Bateese Lalime, he 's purty smart,
    An' gain dat toss wit' jockey trick.
I don't care me, w'en " Castor " start,
    Very soon I t'ink he 's mak' heem sick.

Beeg crowd of course was dere for see
    Dem trotter on de grand match race
Some people come from St. Remi
    An' some from plaintee 'noder place.

W'en all is ready, flag was fall
    An' way dem trotter pass on fence
Lak not'ing you never see at all,
    It mak' me t'ink of " St. Lawrence." *

" Castor," hees tail was stan' so straight
    Could place chapeau on de en' of top
An' w'en he struck two forty gait
    Don't seem he's never go for stop.

    * "St. Lawrence," the Canadian " Dexter."

Mon Choual "Castor"

Wall! dat 's all right for firs' half mile
   W'en Clevelan' Bay commence for break,
Dat mak' me feel very moche lak smile,
   I 'm sure " Castor " he 's took de cake.

But Lalime pull heem hard on line
   An' stop " Clevelan' " before go far,
It 's all no good, he can't ketch mine
   I 'm go more quicker lak express car.

I 'm feel all right for my monee,
   For sure mon Choual he 's took firs' place,
W 'en 'bout arpent from home, sapré,
   Somet'ing she 's happen, I 'm los' de race.

Wan bad boy he 's come out on track,
   I cannot see dat bad boy's han';
He 's hol' somet'ing behin' hees back,
   It was small bell, I understan'.

Can spik for dat, ma horse go well,
   An' never show no sign of sweat,
Until dat boy he 's ring hees bell—
   Misere! I t'ink I hear heem yet!

Wall! jus' so soon mon Choual " Castor "
   Was hear dat bell go kling! klang! kling!
He 's tink of course of city car,
   An' spose mus' be conductor ring.

Firs' t'ing I know ma trotter 's drop
    Dat tail was stan' so straight before,
An' affer dat, mebbe he stop
    For me, I don't know not'ing more.

But w'en I 'm come alive again
    I fin' dat horse call " Clevelan' Bay "
Was got firs' place, an' so he 's gain
    Dat wan mile heat on straight away.

An' now w'erever I am go
    Bad boy he 's sure for holler an' yell
Dis donc! Dis donc! Paul Archambault!
    W'at 's matter wit' your chestnutte bell?

Mak' plaintee troub' dem bad garçons,
    An' offen ring some bell also,
Was mad! Could plonge on de St. Laurent
    An' w'at to do, " Castor " don't know.

Las' tam I pass de railway track
    For drive avec mon frere Alfred,
In-jinne she 's ring, " Castor " he 's back,
    Monjee! it 's fonny I 'm not come dead!

Toujours comme ça! an' mak' me sick,
    But horse dat work long on les chars
Can't broke dem off on fancy trick
    So now I 'm busy for sole " Castor."

Ole Tam on Bord-a Plouffe

I LAK on summer ev'ning, w'en nice cool win' is blowin'
   An' up above ma head, I hear de pigeon on de roof,
To bring ma chair an' sit dere, an' watch de current flowin'
   Of ole Riviere des Prairies as she pass de Bord-a Plouffe.

But it seem dead place for sure now, on shore
    down by de lan'in'—
  No more de voyageurs is sing lak dey was
    sing alway—
De tree dey 're commence growin' w'ere
    shaintee once is stan'in',
  An' no one scare de swallow w'en she fly
    across de bay.

I don't lak see de reever she 's never doin'
    not'in'
  But passin' empty ev'ry day on Bout de l'ile
    below—
Ma ole shaloup dat 's lyin' wit' all its timber
    rottin'
  An' tam so change on Bord-a Plouffe since
    forty year ago!

De ice dat freeze on winter, might jus' as well
    be stay dere,
  For w'en de spring she 's comin' de only
    t'ing I see
Is two, t'ree piqnique feller, hees girl was row
    away dere,
  Don't got no use for water now, on Riviere
    des Prairies.

'T was diff'rent on dem summer you could n't
see de reever,
   Wit' saw-log an' squar' timber raf', mos' all
de season t'roo—
Two honder man an' more too—all busy lak
de beaver,
   An' me! I 'm wan de pilot for ronne 'em
down de " Soo."

Don't 'member lak I use to, for now I 'm get-
tin' ole, me—
   But still I can't forget Bill Wade, an' Guil-
laume Lagassé,
Joe Monferrand, Bazile Montour—wit' plaintee
I can't tole, me,
   An' king of all de Bord-a Plouffe, M'sieu'
Venance Lemay.

Lak small boy on hees lesson, I learn de way
to han'le
   Mos' beeges' raf' is never float upon de Ot-
tawaw,
Ma fader show me dat too, for well he know
de channel,
   From Dutchman Rapide up above to Bout
de l'ile en bas.

He 's smart man too, ma fader, only t'ing he
    got de bow-leg,
  Ridin' log w'en leetle feller, mebbe dat 's
    de reason w'y,
All de sam', if he 's in hurry, den Bagosh! he
    's got heem no leg
  But wing an' fedder lak oiseau, was fly upon
    de sky!

O dat was tam we 're happy, an' man dey 're
    alway singin',
  For if it 's hard work on de raf', w'y dere 's
    your monee sure!
An' ev'ry summer evenin', ole Bord-a Plouffe
    she 's ringin'
  Wit' " En Roulant ma Boulé " an' " J'
    aimerai toujour."

Dere dey 're comin' on de wagon! fine young
    feller ev'ry wan too,
  Dress im up de ole tam fashion, dat I lak for
    see encore,
Yellin' hooraw! t'roo de village, all de horse
    upon de ronne too,
  Ah poor Bord-a Plouffe! she never have dem
    tam again no more!

Ole Tam

Very offen w'en I 'm sleepin', I was feel as if
 I 'm goin'
  Down de ole Riviere des Prairies on de raf'
   de sam as den—
An' ma dream is only lef' me, w'en de rooster
   commence crowin'
  But it can't do me no harm, 'cos it mak me
   young again.

An' upon de morning early, wen de reever fog
   is clearin'
  An' sun is makin' up hees min' for drive
   away de dew,
W'en young bird want hees breakfas', I wak'
   an' t'ink I 'm hearin'
  Somebody shout " Hooraw, Bateese, de raf'
   she 's wait for you."

Dat 's voice of Guillaume Lagassé was call me
   on de morning
  Jus' outside on de winder w'ere you look
   across de bay,
But he 's drown upon de Longue " Soo," wit'
   never word of warning
  An' green grass cover over poor Guillaume
   Lagassé.

I s'pose dat 's meanin' somet'ing—mebbe I 'm
 not long for stay here,
  Seein' all dem strange t'ing happen—dead
   frien' comin' roun' me so—
But I 'm sure I die more happy, if I got jus'
 wan more day here,
  Lak we have upon de ole tam Bord-a Plouffe
   of long ago!

The Grand Seigneur

TO the hut of the peasant, or lordly hall,
    To the heart of the king, or humblest thrall,
Sooner or late, love comes to all,
And it came to the Grand Seigneur, my dear,
    It came to the Grand Seigneur.

The robins were singing a roundelay,
And the air was sweet with the breath of May,
As a horseman rode thro' the forest way,
And he was a Grand Seigneur, my dear,
    He was a grand Seigneur.

Lord of the Manor, Count Bellefontaine,
Had spurr'd over many a stormy plain
With gallants of France at his bridle rein,
For he was a brave Cavalier, my dear—
    He was a brave Cavalier.

But the huntsman's daughter, La Belle Marie,
Held the Knight's proud heart in captivity,
And oh! she was fair as the fleur de lys,
Tho' only a peasant maid, my dear,
      Only a peasant maid.

Thro' the woodland depths on his charger grey
To the huntsman's cottage he rides away,
And the maiden lists to a tale to-day
That haughtiest dame might hear, my dear,
      That haughtiest dame might hear.

But she cried " Alas! it may never be,
For my heart is pledged to the young Louis,
And I love him, O Sire, so tenderly,
Tho' he 's only a poor Chasseur, my Lord,
      Only a poor Chasseur."

" Enough," spake the Knight with a courtly
    bow,
" Be true to thy lover and maiden vow,
For virtue like thine is but rare, I trow,
And farewell to my dream of love, and thee,
      Farewell to my dream of thee."

The Grand Seigneur

And they say the gallant Count Bellefontaine
Bestowed on the couple a rich domain,
But you never may hear such tale again,
For he was a Grand Seigneur, my dear,
    He was a Grand Seigneur!

M'SIEU SMIT.

THE ADVENTURES OF AN ENGLISHMAN IN THE CANADIAN WOODS

WAN morning de walkim boss say "Damase,
I t'ink you 're good man on canoe d'ecorce,
So I 'll ax you go wit' your frien' Philéas
 An' meet M'sieu' Smit' on Chenail W'ite Horse.

" He 'll have I am sure de grosse baggage—
 Mebbe some valise—mebbe six or t'ree—
But if she 's too moche for de longue portage
 'Poleon he will tak' 'em wit' mail buggee."

M'sieu Smit

W'en we reach Chenail, plaintee peep be dere,
   An' wan frien' of me, call Placide Chretien,
'Splain all dat w'en he say man from Angleterre
   Was spik heem de crowd on de " Parisien."

Fonny way dat Englishman he 'll be dress,
   Leetle pant my dear frien' jus' come on knee,
Wit' coat dat 's no coat at all—only ves'
   An' hat—de more stranger I never see!

Wall! dere he sit on de en' some log
   An' swear heem in English purty loud
Den talk Français, w'ile hees chien boule dog
   Go smellim an' smellim aroun' de crowd.

I spik im " Bonjour, M'sieu' Smit', Bonjour,
   I hope dat yourse'f and famille she 's well ?"
M'sieu Smit' he is also say " Bonjour,"
   An' call off hees dog dat 's commence for smell.

I tell heem my name dat 's Damase Labrie
   I am come wit' Philéas for mak' de trip,
An' he say I 'm de firs' man he never see
   Spik English encore since he lef' de ship.

He is also ax it to me " Damase,
   De peep she don't seem understan' Français,
W'at 's matter wit' dat ?" An' I say " Becos
   You mak' too much talk on de Parisien."

De groun she is pile wit' baggage—Sapré!
　　An' I see purty quick we got plaintee troub—
Two tronk, t'ree valise, four-five fusil,
　　An' w'at M'sieu Smit' he is call "bat' tubbe."

M'sieu Smit' he's tole me w'at for 's dat t'ing,
　　An' it seem Englishman he don't feel correc'
Until he's go plonge on some bat' morning
　　An' sponge it hees possibill high hees neck

Of course dat's not'ing of my beez-nesse,
　　He can plonge on de water mos' ev'ry day,
But I t'ink for mese'f it mak foolishness
　　An' don't do no good w'en your bonne santé.

W'en I tell 'Poleon he mus' mak' dat job,
　　Dere's leetle too moche for canoe d'écorce,
He's mad right away an' say " Sapré diable!
　　You t'ink I go work lak wan niggerhorse?

" I'm not manufacture dat way, bâ non,
　　Dat rich stranger man he have lot monee,
I go see my frien' Onésime Gourdon,
　　An' tole heem bring horse wit' some more
　　　　buggee."

Wall! affer some w'ile dey'll arrange all dat,
　　'Poleon an' hees frien' Onésime Gourdon,
But w'en 'Poleon is tak' hole of bat',
　　He receive it beeg scare immediatement!

M'sieu Smit

Dat chien boule dog, I was tole you 'bout,
    I am not understan' w'at good she 's for,
Eat 'Poleon's leg w'it hees teet' an' mout,
    'Poleon he is feel very mad—by Gor!

Of course I am poule heem hees tail toute suite
    But I don't know some reason mak all dis troub',
W'en I hear me dat Englishman, M'sieu Smit'
    Say 'Poleon, w'at for you took my tubbe?

" Leff 'im dere—for I don't low nobodee
    Walk heem off on any such way lak dat;
You may tak' all de res', an' I don't care me—
    But de man he 'll be keel who is tak' my bat'."

" I will carry heem wit' me," say M'sieu Smit'—
    " W'erever dat tubbe she mus' go, I go—
No matter de many place we visite,
    An' my sponge I will tak' mese'f also."

Philéas say " Damase, we mus buil' some raf'
    Or mebbe some feller be sure get drown ";
Dis geev me plaisir, but I 'm scare mak' laf',
    So I 'll do it mese'f, inside, way down.

At las' we are start on voyage, sure nuff,
  M'sieu Smit' carry tubbe on de top hees
    head,
Good job, I t'ink so, de lac is n't rough,
  Or probably dis tam, we 're all come dead.

De dog go wit' Onésime Gourdon,
  An' Onésime afferwar' say to me,
"Dat chien boule dog is eat 'Poleon
  Was de more quiet dog I never see."

But fun she 's commence on very nex' day
  W'en we go camp out on de Castor Noir.
Dat Englishman he 'll come along an' say
  " I hope some wil' Injun she don't be dere.

" I have hear many tam, dat de wood be foule
  Of Injun w'at tak' off de hair your head.
But so surely my name she 's Johnnie Boule
  If I see me dem feller I shoot it dead."

Philéas den pray harder, more quick he can
  Mebbe he 's t'ink dat 's hees las' portage
De moder hees fader, she 's Injun man
  Derefore an' also, he is wan Sauvage.

I say " Don't mak' it some excitement;
  Saison she is ' close ' on de spring an' fall,
An' dem peep dat work on de Gouvernement
  Don't lak you shoot Injun dis mont' at all."

M'sieu Smit

Nex' day M'sieu Smit' is perform hees plonge
    We see heem go done it—Philéas an' me,
An' w'en he 's hang up bat' tubbe an' sponge
    We go on de wood for mak' Chasse perdrix.

An' mebbe you will not believe to me,
    But w'en we come back on de camp encore
De sponge of dat Englishman don't be see,
    An' we fin' beeg bear she 's go dead on shore.

Very fonny t'ing how he 's loss hees life,
    But Philéas he 'll know hese'f purty quick,
He cut M'sieu Bear wit' hees hunter knife,
    An' sponge she 's fall out on de bear stummick.

Day affer we get two fox houn' from Boss
    Dat 's good for ketch deer on de fall an' spring,
Den place Englishman w'ere he can't get los'
    An' tole heem shoot quicker he see somet'ing.

Wat 's dat leetle deer got no horn at all ?
    She 'll be moder small wan en suite bimeby,
Don't remember mese'f w'at name she 's call,
    But dat 's de kin' start w'en de dog is cry.

    We see heem come down on de runaway
        De dog she is not very far behin'

An' w'en dey pass place M'sieu Smit' is stay
   We expec' he will shoot or make noise some
      kin'!

But he 's not shoot at all, mon cher ami,
   So we go an' we ax " Is he see some deer ? "
He say " Dat 's long tam I am stay on tree
   But I don't see not'ing she 's pass on here."

We spik heem once more, " He don't see fox
      houn' ? "
   W'at you t'ink he is say, dat Englishman ?
" Yes, I see dem pass quickly upon de groun',
   Wan beeg yellow dog, an' two small brown
      wan."

He 's feel de more bad I don't see before
   W'en he know dat beeg dog, she 's wan small
      deer,
An' for mak' ev'ryt'ing correc' encore
   We drink I am sure six bouteilles de bière.

Nex' day—dat 's Dimanche—he is spik to me,
   " Damase, you mus' feel leetle fatigué,
You may slep' wit' Philéas w'ile I go an' see
   I can't get some nice quiet tam to-day."

So for keep 'way skeeter, an' fly also
   Bouteille from de shelf M'sieu Smit' he tak',

M'sieu Smit

Den he start wit' his chien boule dog an' go
   For nice quiet walk on shore of lac.

We don't slep' half hour w'en dere 's beeg,
     beeg yell,
   Lak somet'ing I 'm sure don't hear long tam,
An' we see wan feller we cannot tell,
   Till he spik it, " Damase! Philéas!! dam
     dam!!!

Den we know it at once mon, cher ami,
   But she 's swell up hees face—hees neck an'
     han'!
It seem all de skeeter on w'ole contree
   Is jump on de head of dat Englishman.

Some water on poor M'sieu Smit' we 'll t'row,
   An' w'en he 's tranquille fin' out ev'ry-
     t'ing;
Bouteille he 's rub on, got some nice sirop
   I was mak' mese'f on de wood las' spring.

Dere was jus' 'noder t'ing he seem for care
   An' den he is feel it more satisfy,
Dat t'ing, my dear frien', was for keel some
     bear,
   If he 'll do dat wan tam, he 's prepare for die.

Philéas say he know w'ere some blue berree
   Mak' very good place for de bear have fonne,
So we start nex' day on morning earlee,
   An' M'sieu Smit' go wit' hees elephan' gun.

Wan woman sauvage she is come be dere,
   Mebbe want some blue berree mak' some pie,
Dat' Englishman shoot, he is t'ink she 's bear,
   An' de woman she 's holler, " Mon Dieu,
      I 'm die ! "

M'sieu Smit' he don't do no harm, becos
   He is shake hese'f w'en he shoot dat squaw,
But scare he pay hunder' dollar cos'
   For keel some sauvage on de " close " saison.

T'ree day affer dat, we start out on lac
   For ketch on de water wan Cariboo,
But win' she blow strong, an' we can't get back
   Till we t'row ourse'f out on dat canoe.

We t'ink M'sieu Smit' he is sure be drown,
   Leetle w'ile we can't see heem again no more,
An' den he 's come up from de place go down
   An' jomp on hees bat' tubbe an' try go shore.

W'en he 's pass on de bat', he say " Hooraw ! "
   An' commence right away for mak' some sing ;

I' m sure you can hear heem ten-twelve arpent
  'Bout " Brittanie, she alway mus' boss some-
    t'ing."

Dat 's all I will tole you jus' now, my frien';
  I s'pose you don't know de more fonny case,
But if Englishman go on wood again
  I 'll have more storee w'en you pass my
    place.

WHEN ALBANI SANG

WAS workin' away on de farm dere, wan
morning not long ago,
Feexin' de fence for winter—'cos dat 's w'ere
we got de snow!
W'en Jeremie Plouffe, ma neighbor, come over
an' spik wit' me,
"Antoine, you will come on de city, for hear
Ma-dam All-ba-nee?"

"W'at you mean?" I was sayin' right off, me,
"Some woman was mak' de speech,
Or girl on de Hooraw Circus, doin' high kick
an' screech?"
"Non—non," he is spikin'—"Excuse me,
dat 's be Ma-dam All-ba-nee
Was leevin' down here on de contree, two mile
'noder side Chambly.

"She 's jus' comin' over from Englan', on
steamboat arrive Kebeck,
Singin' on Lunnon an' Paree, an' havin' beeg
tam, I expec',

When Albani Sang

But no matter de moche she enjoy it, for travel all roun'de worl',
Somet'ing on de heart bring her back here, for she was de Chambly girl.

"She never do not'ing but singin' an' makin' de beeg grande tour
An' travel on summer an' winter, so mus' be de firs' class for sure!
Ev'ryboddy I 'm t'inkin' was know her, an' I also hear 'noder t'ing,
She 's frien' on La Reine Victoria an' show her de way to sing!"

"Wall," I say, "you 're sure she is Chambly, w'at you call Ma-dam All-ba-nee?
Don't know me dat nam' on de Canton—I hope you 're not fool wit' me?"
An he say, "Lajeunesse, dey was call her, before she is come mariée,
But she 's takin' de nam' of her husban'—I s'pose dat 's de only way."

"C'est bon, mon ami," I was say me, "If I get t'roo de fence nex' day
An' she don't want too moche on de monee, den mebbe I see her play."

So I finish dat job on to-morrow, Jeremie he
    was helpin' me too,
An' I say, "Len' me t'ree dollar quickly for
    mak' de voyage wit' you."

Correc'—so we 're startin' nex' morning, an'
    arrive Montreal all right,
Buy dollar tiquette on de bureau, an' pass on
    de hall dat night.
Beeg crowd, wall! I bet you was dere too, all
    dress on some fancy dress,
De lady, I don't say not'ing, but man 's all
    w'ite shirt an' no ves'.

Don't matter, w'en ban' dey be ready, de fore-
    man strek out wit' hees steek,
An' fiddle an' ev'ryt'ing else too, begin for
    play up de musique.
It 's fonny t'ing too dey was playin' don't lak
    it mese'f at all,
I rader be lissen some jeeg, me, or w'at you
    call " Affer de ball."

An' I 'm not feelin' very surprise den, w'en de
    crowd holler out, " Encore,"
For mak' all dem feller commencin' an' try
    leetle piece some more,

When Albani Sang

'T was better wan' too, I be t'inkin', but slow
    lak you 're goin' to die,
All de sam', noboddy say not'ing, dat mean
    dey was satisfy.

Affer dat come de Grande piano, lak we got on
    Chambly Hotel,
She 's nice lookin' girl was play dat, so of
    course she 's go off purty well,
Den feller he 's ronne out an' sing some, it 's
    all about very fine moon,
Dat shine on Canal, ev'ry night too, I 'm sorry
    I don't know de tune.

Nex' t'ing I commence get excite, me, for I
    don't see no great Ma-dam yet,
Too bad I was los all dat monee, an' too late
    for de raffle tiquette!
W'en jus' as I feel very sorry, for come all de
    way from Chambly,
Jeremie he was w'isper, " Tiens, Tiens, prenez
    garde, she 's comin' Ma-dam All-ba-nee! "

Ev'ryboddy seem glad w'en dey see her, come
    walkin' right down de platform,
An' way dey mak' noise on de han' den, w'y!
    it 's jus' lak de beeg tonder storm!

The Habitant

I'll never see not'ing lak dat, me, no matter
  I travel de worl',
An' Ma-dam, you t'ink it was scare her? Non,
  she laugh lak de Chambly girl!

Dere was young feller comin' behin' her, walk
  nice, comme un Cavalier,
An' before All-ba-nee she is ready an' piano
  get startin' for play,
De feller commence wit' hees singin', more
  stronger dan all de res',
I t'ink he's got very bad manner, know not'ing
  at all politesse.

Ma-dam, I s'pose she get mad den, an' before
  anyboddy can spik,
She settle right down for mak' sing too, an'
  purty soon ketch heem up quick,
Den she's kip it on gainin' an' gainin', till de
  song it is tout finis,
An' w'en she is beatin' dat feller, Bagosh! I am
  proud Chambly!

I'm not very sorry at all, me, w'en de feller
  was ronnin' away,
An' man he's come out wit' de piccolo, an'
  start heem right off for play,

For it 's kin' de musique I be fancy, Jeremie
    he is lak it also,
An' wan de bes' t'ing on dat ev'ning is man
    wit' de piccolo!

Den mebbe ten minute is passin', Ma-dam she
    is comin' encore,
Dis tam all alone on de platform, dat feller
    don't show up no more,
An' w'en she start off on de singin' Jeremie
    say, " Antoine, dat 's Français,'
Dis give us more pleasure, I tole you, 'cos
    w'y ? We 're de pure Canayen!

Dat song I will never forget me, 't was song of
    de leetle bird,
W'en he 's fly from it 's nes' on de tree top,
    'fore res' of de worl' get stirred,
Ma-dam she was tole us about it, den start off
    so quiet an' low,
An' sing lak de bird on de morning, de poor
    leetle small oiseau.

I 'member wan tam I be sleepin' jus' onder
    some beeg pine tree
An song of de robin wak' me, but robin he
    don't see me,

Dere 's not'ing for scarin' dat bird dere, he 's
    feel all alone on de worl',
Wall! Madam she mus' lissen lak dat too, w'en
    she was de Chambly girl!

Cos how could she sing dat nice chanson, de
    sam' as de bird I was hear,
Till I see it de maple an' pine tree an' Riche-
    lieu ronnin' near,
Again I 'm de leetle feller, lak young colt upon
    de spring
Dat 's jus' on de way I was feel, me, w'en Ma-
    dam All-ba-nee is sing!

An' affer de song it is finish, an' crowd is mak'
    noise wit' its han',
I s'pose dey be t'inkin' I 'm crazy, dat mebbe
    I don't onderstan',
Cos I 'm set on de chair very quiet, mese'f an'
    poor Jeremie,
An' I see dat hees eye it was cry too, jus' sam'
    way it go wit' me.

Dere 's rosebush outside on our garden, ev'ry
    spring it has got new nes',
But only wan bluebird is buil' dere, I know her
    from all de res',

An' no matter de far she be flyin' away on de winter tam,
Back to her own leetle rosebush she's comin dere jus' de sam'.

We're not de beeg place on our Canton, mebbe cole on de winter, too,
But de heart's " Canayen " on our body, an' dat's warm enough for true!
An' w'en All-ba-nee was got lonesome for travel all roun' de worl'
I hope she'll come home, lak de bluebird, an' again be de Chambly girl!

DE CAMP ON DE "CHEVAL GRIS"

YOU 'member de ole log-camp, Johnnie, up on de Cheval Gris,
W'ere we work so hard all winter, long ago you an' me?
Dere was fourteen man on de gang, den, all from our own paroisse,
An' only wan lef' dem feller is ourse'f an' Pierre Laframboise.

But Pierre can't see on de eye, Johnnie, I t'ink it 's no good at all!
An' it was n't for not'ing, you 're gettin' rheumateez on de leg las' fall!
I t'ink it 's no use waitin', for neider can come wit' me,
So alone I mak' leetle visit dat camp on de Cheval Gris.

An' if only you see it, Johnnie, an' change dere was all aroun',
Ev'ryt'ing gone but de timber an' dat is all fallin' down;

Camp on de "Cheval Gris"   113

No sign of portage by de reever w'ere man dey
    was place canoe,
W'y, Johnnie, I 'm cry lak de bebé, an' I 'm
    glad you don't come, mon vieux!

But strange t'ing's happen me dere, Johnnie,
    mebbe I go asleep,
As I lissen de song of de rapide, as pas' de
    Longue Soo she sweep,
Ma head she go biz-z-z lak de sawmeel, I don't
    know w'at 's wrong wit' me,
But firs' t'ing I don't know not'ing, an' den
    w'at you t'ink I see?

Yourse'f an' res' of de boy, Johnnie, by light
    of de coal oil lamp,
An' you 're singin' an' tolin' story, sittin'
    aroun' de camp,
We hear de win' on de chimley, an' we know
    it was beeg, beeg storm,
But ole box stove she is roarin', an' camp 's
    feelin' nice an' warm.

I t'ink you 're on boar' of de raf', Johnnie,
    near head of Riviere du Loup,
W'en LeRoy an' young Patsy Kelly get drown
    comin' down de Soo,

Wall! I see me dem very same feller, jus' lak
   you see me to-day,
Playin' dat game dey call checker, de game dey
   was play alway!

An' Louis Charette asleep, Johnnie, wit' hees
   back up agen de wall,
Makin' soche noise wit' hees nose, dat you
   t'ink it was moose on de fall,
I s'pose he 's de mos' fattes' man dere 'cept
   mebbe Bateese La Rue,
But if I mak fonne on poor Louis, I know he
   was good boy too!

W'at you do over dere on your bunk, Johnnie,
   lightin' dem allumettes,
Are you shame 'cos de girl she write you, is
   dat de las' wan you get?
It 's fonny you can't do widout it ev'ry tam
   you was goin' bed,
W'y readin' dat letter so offen, you mus have
   it all on de head!

Dat 's de very sam' letter, Johnnie, was comin'
   t'ree mont' ago,
I t'ink I know somet'ing about it, 'cos I fin' it
   wan day on de snow,

Camp on de "Cheval Gris"

An' I see on de foot dat letter, Philomene she
    is do lak dis: ✼ ✼ ✼
I'm not very moche on de school, me, but I
    t'ink dat was mean de kiss.

Wall! nobody's kickin' de row, Johnnie, an'
    if allumettes' fini,
Put Philomene off on your pocket, an' sing
    leetle song wit' me;
For don't matter de hard you be workin' tou-
    jours you're un bon garçon,
An' nobody sing lak our Johnnie, Kebeck to
    de Mattawa!

An' it's den you be let her go, Johnnie, till
    roof she was mos' cave in,
An' if dere's firs' prize on de singin', Bagosh!
    you're de man can win!
Affer dat come fidelle of Joe Pilon, an' he's
    feller can make it play,
So we're clearin' de floor right off den, for
    have leetle small danser.

An' w'en dance she was tout finis, Johnnie, I
    go de sam' bunk wit' you
W'ere we sleep lak two broder, an' dream of
    de girl on Riviere du Loup,

Very nice ontil somebody call me, it soun' lak de boss Pelang,
"Leve toi, Jeremie ma young feller, or else you 'll be late on de gang."

An' den I am wak' up, Johnnie, an' w'ere do you t'ink I be?
Dere was de wood an' mountain, dere was de Cheval Gris,
But w'ere is de boy an' musique I hear only w'ile ago?
Gone lak de flower las' summer, gone lak de winter snow!

An' de young man was bring me up, Johnnie, dat 's son of ma boy Maxime,
Say, "Gran'fader, w'at is de matter, you havin' de bad, bad dream?
Come look on your face on de well dere, it 's w'ite lak I never see,
Mebbe 't was better you 're stayin', an' not go along wit' me."

An' w'en I look down de well, Johnnie, an' see de ole feller dere,
I say on mese'f " you be makin' fou Jeremie Chateauvert,

For t'ink you 're garçon agen. Ha! ha! jus'
    'cos you are close de eye,
An' only commence for leevin' w'en you 're
    ready almos' for die!"

Ah! dat 's how de young day pass, Johnnie,
    purty moche lak de t'ing I see,
Sometam dey be las' leetle longer, sam' as wit'
    you an' me,
But no matter de ole we 're leevin', de tam
    she must come some day,
W'en boss on de place above, Johnnie, he 's
    callin' us all away.

I 'm glad I was go on de camp, Johnnie, I
    t'ink it will do me good,
Mebbe it 's las' tam too, for sure, I 'll never
    pass on de wood,
For I don't expec' moche longer ole Jeremie
    will be lef',
But about w'at I see dat day, Johnnie, tole
    nobody but yourse'f.

DE STOVE PIPE HOLE

Dat 's very cole an' stormy night on Village St. Mathieu,
W'en ev'ry wan he 's go couché, an' dog was quiet, too—
Young Dominique is start heem out see Emmeline Gourdon,
Was leevin' on her fader's place, Maxime de Forgeron.

Poor Dominique he 's lak dat girl, an' love her mos' de tam,
An' she was mak' de promise—sure—some day she be his famme,
But she have worse ole fader dat 's never on de worl',
Was swear onless he 's riche lak diable, no feller 's get hees girl.

He 's mak' it plaintee fuss about hees daughter Emmeline,
Dat 's mebbe nice girl, too, but den, Mon Dieu, she 's not de queen!

De Stove Pipe Hole

An' w'en de young man 's come aroun' for
    spark it on de door,
An' hear de ole man swear " Bapteme! " he 's
    never come no more.

Young Dominique he 's sam' de res',—was scare
    for ole Maxime,
He don't lak risk hese'f too moche for chances
    seein' heem,
Dat 's only stormy night he come, so dark you
    cannot see,
An dat 's de reason w'y also, he 's climb de
    gallerie.

De girl she 's waitin' dere for heem—don't
    care about de rain,
So glad for see young Dominique he 's comin'
    back again,
Dey bote forget de ole Maxime, an' mak de
    embrasser
An affer dey was finish dat, poor Dominique is
    say—

" Good-bye, dear Emmeline, good-bye; I 'm
    goin' very soon,
For you I got no better chance, dan feller on de
    moon—

It 's all de fault your fader, too, dat I be go
    away,
He 's got no use for me at all—I see dat ev'ry
    day.

" He 's never meet me on de road but he is say
    ' Sapré! '
An' if he ketch me on de house I 'm scare he 's
    killin' me,
So I mus' lef' ole St. Mathieu, for work on
    'noder place,
An' till I mak de beeg for-tune, you never see
    ma face."

Den Emmeline say " Dominique, ma love
    you 'll alway be
An' if you kiss me two, t'ree tam I 'll not tole
    noboddy—
But prenez garde ma fader, please, I know
    he 's gettin ole—
All sam' he offen walk de house upon de stock-
    in' sole.

" Good-bye, good-bye, cher Dominique! I
    know you will be true,
I don't want no riche feller me, ma heart she
    go wit' you,"

De Stove Pipe Hole

Dat 's very quick he 's kiss her den, before de fader come,
But don't get too moche pleasurement—so 'fraid de ole Bonhomme.

Wall! jus' about dey 're half way t'roo wit all dat love beez-nesse
Emmeline say, " Dominique, w'at for you 're scare lak all de res?
Don't see mese'f moche danger now de ole man come aroun',"
W'en minute affer dat, dere 's noise, lak' house she's fallin' down.

Den Emmeline she holler " Fire! will no wan come for me?"
An Dominique is jomp so high, near bus' de gallerie,—
"Help! help! right off," somebody shout, " I 'm killin' on ma place,
It 's all de fault ma daughter, too, dat girl she 's ma disgrace."

He 's kip it up long tam lak dat, but not hard tellin' now,
W'at 's all de noise upon de house—who 's kick heem up de row?

It seem Bonhomme was sneak aroun' upon de
  stockin' sole,
An' firs' t'ing den de ole man walk right t'roo
  de stove pipe hole.

W'en Dominique is see heem dere, wit' wan
  leg hang below,
An' 'noder leg straight out above, he 's glad
  for ketch heem so—
De ole man can't do not'ing, den, but swear
  and ax for w'y
Noboddy tak' heem out dat hole before he 's
  comin' die.

Den Dominique he spik lak dis, " Mon cher
  M'sieur Gourdon
I 'm not riche city feller, me, I 'm only habi-
  tant,
But I was love more I can tole your daughter
  Emmeline,
An' if I marry on dat girl, Bagosh! she 's lak de
  Queen.

 I want you mak de promise now, before it 's
  come too late,
An' I mus' tole you dis also, dere 's not moche
  tam for wait,

De Stove Pipe Hole

Your foot she 's hangin' down so low, I 'm
   'fraid she ketch de cole,
Wall! if you give me Emmeline, I pull you out
   de hole."

Dat mak' de ole man swear more hard he never
   swear before,
An' wit' de foot he 's got above, he 's kick it
   on de floor,
"Non, non," he say "Sapré tonnerre! she
   never marry you,
An' if you don't look out you get de jail on
   St. Mathieu."

"Correc'," young Dominique is say, "mebbe
   de jail 's tight place,
But you got wan small corner, too, I see it on
   de face,
So if you don't lak geev de girl on wan poor
   habitant,
Dat 's be mese'f, I say, Bonsoir, mon cher
   M'sieur Gourdon."

"Come back, come back," Maxime is shout—
   I promise you de girl,
I never see no wan lak you—no never on de
   worl'!

It 's not de nice trick you was play on man
    dat 's gettin' ole,
But do jus' w'at you lak, so long you pull me
    out de hole."

" Hooraw! Hooraw!" Den Dominique is pull
    heem out tout suite
An' Emmeline she 's helpin' too for place heem
    on de feet,
An' affer dat de ole man 's tak' de young peep
    down de stair,
W'ere he is go couchè right off, an' dey go on
    parloir.

Nex' Sunday morning dey was call by M'sieur
    le Curé
Get marry soon, an' ole Maxime geev Emme-
    line away;
Den affer dat dey settle down lak habitant is
    do,
An' have de mos' fine familee on Village St.
    Mathieu.

"DE SNOWBIRD"

O LEETLE bird dat 's come to us w'en stormy win' she 's blowin',
    An' ev'ry fiel' an' mountain top is cover wit' de snow,
How far from home you 're flyin', noboddy 's never knowin'
    For spen' wit' us de winter tam, mon cher petit oiseau!

We alway know you 're comin', w'en we hear de firs' beeg storm,
    A sweepin' from de sky above, an' screamin' as she go—
Can tell you 're safe inside it, w'ere you 're keepin' nice an' warm,
    But no wan 's never see you dere, mon cher petit oiseau!

Was it 'way behin' de mountain, dat de nort' win' ketch you sleepin'
    Mebbe on your leetle nes' too, an' before de wing she grow,

The Habitant

Lif' you up an' bring you dat way, till some
    morning fin' you peepin'
  Out of new nes' on de snow dreef, mon pauv'
    petit oiseau!

All de wood is full on summer, wit' de many
    bird is sing dere,
  Dey mus' offen know each oder, mebbe mak'
    de frien' also,
But w'en you was come on winter, never seein'
    wan strange wing dere
  Was it mak' you feelin' lonesome, mon pauv'
    petit oiseau?

Plaintee bird is alway hidin' on some place no
    wan can fin' dem,
  But ma leetle bird of winter, dat was not de
    way you go—
For de chil'ren on de roadside, you don't seem
    to care for min' dem
  W'en dey pass on way to schoolhouse, mon
    cher petit oiseau!

No wan say you sing lak robin, but you got no
    tam for singin'
  So busy it was keepin' you get breakfas' on
    de snow,

But de small note you was geev us, w'en it join
   de sleigh bell ringin'
  Mak' de true Canadian music, mon cher petit
    oiseau!

O de long an' lonesome winter, if you 're never
   comin' near us'
  If we miss you on de roadside, an' on all de
    place below!
But le bon Dieu he will sen' you troo de storm
   again for cheer us,
  W'en we mos' was need you here too, mon
    cher petit oiseau!

THE HABITANT'S JUBILEE ODE

I READ on de paper mos' ev'ry day, all about Jubilee
An' grande procession movin' along, an' passin' across de sea,
Dat 's chil'ren of Queen Victoriaw comin' from far away
For tole Madame w'at dey t'ink of her, an' wishin' her bonne santé.

An' if any wan want to know pourquoi les Canayens should be dere
Wit' res' of de worl' for shout "Hooraw" an' t'row hees cap on de air,
Purty quick I will tole heem de reason, w'y we feel lak de oder do,
For if I 'm only poor habitant, I 'm not on de sapré fou.

Of course w'en we t'ink it de firs' go off, I know very strange it seem
For fader of us dey was offen die for flag of L'Ancien Regime,

The Habitant's Jubilee Ode

From day w'en de voyageurs come out all de
    way from ole St. Malo,
Flyin' dat flag from de mas' above, an' long
    affer dat also.

De English fight wit' de Frenchman den over
    de whole contree,
Down by de reever, off on de wood, an' out on
    de beeg, beeg sea,
Killin', an' shootin', an' raisin' row, half tam
    dey don't know w'at for,
W'en it 's jus' as easy get settle down, not
    makin' de crazy war.

Sometam' dey be quiet for leetle w'ile, you
    t'ink dey don't fight no more,
An' den w'en dey 're feelin' all right agen,
    Bang! jus' lak' she was before.
Very offen we 're beatin' dem on de fight,
    sometam' dey can beat us, too,
But no feller 's scare on de 'noder man, an'
    bote got enough to do.

An' all de long year she be go lak' dat, we
    never was know de peace,
Not'ing but war from de wes' contree down to
    de St. Maurice;

Till de las' fight 's comin' on Canadaw, an'
    brave Generale Montcalm
Die lak' a sojer of France is die, on Battle of
    Abraham.

Dat 's finish it all, an' de English King is axin'
    us stayin' dere
W'ere we have sam' right as de 'noder peep
    comin' from Angleterre.
Long tam' for our moder so far away de poor
    Canayens is cry,
But de new step-moder she 's good an' kin',
    an' it 's all right bimeby.

If de moder come dead w'en you're small garçon,
    leavin' you dere alone,
Wit' nobody watchin' for fear you fall, an hurt
    youse'f on de stone,
An' 'noder good woman she tak' your han' de
    sam' your own moder do,
Is it right you don't call her moder, is it right
    you don't love her too?

Bâ non, an' dat was de way we feel, w'en de
    ole Regime 's no more,
An' de new wan come, but don't change
    moche, w'y it 's jus' lak' it be before,

Spikin' Français lak' we alway do, an 'de English dey mak no fuss,
An' our law de sam', wall, I don't know me, 't was better mebbe for us.

So de sam' as two broder we settle down, leevin' dere han' in han',
Knowin' each oder, we lak' each oder, de French an' de Englishman,
For it 's curi's t'ing on dis worl', I 'm sure you see it agen an' agen,
Dat offen de mos' worse ennemi, he 's comin' de bes', bes' frien'.

So we 're kipin' so quiet long affer dat, w'en las' of de fightin's done,
Dat plaintee is say, de new Canayens forget how to shoot de gun;
But Yankee man 's smart, all de worl' know dat, so he 's firs' fin' mistak' wan day
W'en he 's try cross de line, fusil on hee's han', near place dey call Chateaugay.

Of course it 's bad t'ing for poor Yankee man De Salaberry be dere
Wit' habitant farmer from down below, an' two honder Voltigeurs,

Dem feller come off de State, I s'pose, was
    fightin' so hard dey can
But de blue coat sojer he don't get kill, is de
    locky Yankee man!

Since den w'en dey 're comin on Canadaw, we
    alway be treat dem well,
For dey 're spennin' de monee lak' gentil-
    hommes, an' stay on de bes' hotel,
Den " Bienvenu," we will spik dem, an' " Come
    back agen nex' week,
So long you was kip on de quiet an' don't talk
    de politique ! "

Yass, dat is de way Victoriaw fin' us dis
    jubilee,
Sometam' we mak' fuss about not'ing, but
    it 's all on de familee,
An' w'enever dere 's danger roun' her, no
    matter on sea or lan',
She 'll find that les Canayens can fight de
    sam' as bes' Englishman.

An' onder de flag of Angleterre, so long as
    dat flag was fly—
Wit' deir English broder, les Canayens is satisfy
    leev an' die.

Dat 's de message our fader geev us w'en dey
    're fallin' on Chateaugay,
An' de flag was kipin' dem safe den, dat 's de
    wan we will kip alway!

LE Docteur Fiset

OLE Docteur Fiset of Saint Anicet,
    Sapré tonnerre! he was leev long tam!
I 'm sure he 's got ninety year or so,
Beat all on de Parish 'cept Pierre Courteau,
    An' day affer day he work all de sam'.

Dat house on de hill, you can see it still,
    She 's sam' place he buil' de firs' tam' he come
Behin' it dere 's one leetle small jardin
Got plaintee de bes' tabac Canayen
    Wit' fameuse apple an' beeg blue plum.

An' dey 're all right dere, for de small boy 's scare
    No matter de apple look nice an' red,
For de small boy know if he 's stealin' some
Den Docteur Fiset on dark night he come,
    An' cut leetle feller right off hees head!

Ole Docteur Fiset

But w'en dey was rap, an' tak' off de cap,
  M'sieu' le Docteur he will say " Entrez,"
Den all de boy pass on jardin behin'
W'ere dey eat mos' ev'ryt'ing good dey fin',
  Till dey can't go on school nearly two, t'ree day.

But Docteur Fiset, not moche fonne he get,
  Drivin' all over de whole contree,
If de road she's bad, if de road she's good,
W'en ev'ryt'ing's drown on de Spring-tam flood,
  An' workin' for not'ing half tam' mebbe!

Let her rain or snow, all he want to know
  Is jus' if anywan 's feelin' sick,
For Docteur Fiset 's de ole fashion kin'
Doin' good was de only t'ing on hees min'
  So he got no use for de politique.

An' he 's careful too, 'cos firs' t'ing he do,
  For fear dere was danger some fever case,
Is tak' w'en he 's come leetle w'isky chaud,
Den 'noder wan too jus' before he go,
  He 's so scare carry fever aroun' de place!

On nice summer day w'en we 're makin' hay
  Dere 's not'ing more pleasant for us I 'm sure
Dan see de ole man come joggin' along,

Alway singin' some leetle song,
   An' hear heem say " Tiens, mes amis, Bonjour!"

An' w'en de cole rain was commence again
   An' we 're sittin' at home on some warm cornerre,
If we hear de buggy an' see de light
Tearin' along t'roo de black, black night,
   We know right off dat 's de ole Docteur!

An' he 's smart horse sure, w'at he call " Faubourg,"
   Ev'ry place on de Parish he know dem all,
An' you ought to see de nice way he go
For fear he 's upsettin' upon de snow,
   W'en ole man 's asleep on de cariole!

I 'member w'en poor Hormisdas Couture
   Get sick on hees place twenty mile away
An' hees boy Ovide he was come " Raquette "
W'at you call " Snowshoe," for Docteur Fiset,
   An' Docteur he start wit' hees horse an' sleigh.

All de night before, de beeg storm she roar,
   An' mos' of de day it 's de sam' also,
De drif' was pilin' up ten feet high
You can't see not'ing dis side de sky,
   Not'ing but wan avalanche of snow.

Ole Docteur Fiset

I 'm hearin' de bell w'en I go on de well
   For water de cattle on barn close by,
But I only ketch sight of hees cheval blanc
An' hees coonskin coat wit' de capuchon
   An' de storm tak' heem off, jus' de sam' he fly.

Mus' be le Bon Dieu dat is help him t'roo,
   Ole Docteur Fiset an' hees horse "Faubourg,"
'T was somet'ing for splain-me, wall I don't care,
But somehow or 'noder he 's gettin' dere,
   An' save de life Hormisdas Couture.

But it 's sam' alway, lak' dat ev'ry day,
   He never was spare hese'f pour nous autres,
He don't mak' moche monee, Docteur Fiset,
An' offen de only t'ing he was get
   Is de prayer of poor man, an' wan bag of oat.

. . . .

Wall! Docteur Fiset of Saint Anicet
   He is not dead yet! an' I 'm purty sure
If you 're passin' dat place about ten year more
You will see heem go roun' lak' he go before
   Wit' de ole cariole an' hees horse "Faubourg!"

www.ingramcontent.com/pod-product-compliance
Lightning Source LLC
Chambersburg PA
CBHW020911230426
43666CB00008B/1408